Roland Leonhardt

Lebensweisheiten berühmter Dichter und Denker

Roland Leonhardt

Lebensweisheiten berühmter Dichter und Denker

Über 2000 Zitate
von Aristoteles bis Zuckmayer

humboldt

Bibliografische Information der Deutschen Nationalbibliothek
Die Deutsche Nationalbibliothek verzeichnet diese Publikation in der Deutschen Nationalbibliografie; detaillierte bibliografische Daten sind im Internet über http://dnb.ddb.de abrufbar.

ISBN 978-3-86910-020-3 (Print)
ISBN 978-3-86910-144-6 (PDF)

Der Herausgeber: Roland Leonhardt sammelt seit vielen Jahren die besten Zitate, Sprüche und Lebensweisheiten. Diese Leidenschaft hat er in zahlreiche Bücher „verpackt“.

Originalausgabe

Eine Marke der Schlüterschen Verlagsgesellschaft mbH & Co. KG,
Hans-Böckler-Allee 7, 30173 Hannover
www.schluetersche.de
www.humboldt.de

Covergestaltung: DSP Zeitgeist GmbH, Ettlingen
Innengestaltung: akuSatz Andrea Kunkel, Stuttgart
Titelfoto: Shutterstock/Igorsky
Satz: PER Medien+Marketing GmbH, Braunschweig
Druck: Grafisches Centrum Cuno GmbH & Co. KG, Calbe

Hergestellt in Deutschland.
Gedruckt auf Papier aus nachhaltiger Forstwirtschaft.

Inhalt

Vorwort ... 6

Jugend, Reife und Alter ... 8
Selbsterkenntnis, Selbstvertrauen und Selbstbeherrschung ... 57
Persönlichkeit und Charakter ... 66
Schuld, Streit und Versöhnung ... 108
Liebe und Freundschaft ... 118
Ehe und Familie ... 160
Bildung und Kunst ... 180
Beruf, Arbeit und Karriere ... 200
Menschlichkeit, Humanität und Solidarität ... 222
Gemeinschaft, Gesellschaft, Staat ... 231
Geld und Besitz ... 243
Glück und Leid ... 262
Lebenslust und Lebenskunst ... 298
Krankheit und Genesung ... 316
Trennung, Trauer, Tod ... 342
Sinn des Lebens ... 371

Dichter und Denker von A–Z ... 390

Register ... 405

Vorwort

„Wer zwei Paar Hosen hat, mache eine zu Geld und schaffe sich dieses Buch an“, schrieb einst Georg Christoph Lichtenberg. Ob seine Empfehlung auch für dieses Buch gelten könnte? Wir meinen, ja!

Denn die darin enthaltenen Lebensweisheiten der Dichter und Denker sind oft mehr wert als alles Gold der Welt – spiegeln sie doch Lebenserfahrung, Lebensein- und aussicht wider. Und das in den verschiedensten Lebensphasen.

So steht neben dem Selbsterlebten auch das Selbstdurchdachte von Menschen, die durch ihre Werke Bedeutendes geschaffen haben. Es sind meist Worte und Erkenntnisse mitten aus dem Leben heraus, die uns auch noch heute viel zu sagen haben. Dies scheint nötiger denn je, denn das Leben wird mit jedem neuen Tag nicht einfacher. Da tut es ganz gut, hin und wieder den Rat der Dichter und Denker einzuholen. Schließlich sind jene Lebensweisheiten verbürgt und nicht selten auch erprobt.

Wir haben die wichtigsten Lebensweisheiten gesammelt und sie den jeweiligen Lebensthemen zugeordnet. So werden Suchende schnell fündig.

Wer mehr über den Autor wissen will, der findet am Ende des Buches ein Namensregister mit den wichtigsten biografischen Daten. Aber auch ein zielloses Blättern und Lesen ist erlaubt.

Wer weiß, vielleicht wird der eine oder andere Leser eine Entdeckung machen und damit zu neuen Lebenseinsichten kommen.

Das wäre dann ganz im Sinne des Herausgebers. Viel Vergnügen!

Roland Leonhardt

Jugend, Reife und Alter

Fange jetzt zu leben an, und zähle jeden Tag als ein **Leben** für sich.
Seneca

Wie jammervoll und nüchtern erscheint mir meine Kinderstube, aus der die **Märchen** verbannt sind.
Marie von Ebner-Eschenbach

Kein **Mensch** will etwas werden, ein jeder will schon etwas sein.
Johann Wolfgang von Goethe

Das wird kein ganzer Kerl, der nie ein **Rüpel** war.
Otto Julius Bierbaum

Alter liebt das Wenig, **Jugend** das Zuviel.
Joseph Joubert

Bei jungen Frauen ersetzt **Schönheit** den **Geist**, bei alten der Geist die Schönheit.
Montesquieu

Beschränkt und unerfahren hält die **Jugend** für ein einzig auserwähltes Wesen und alles über alle sich erlaubt.
Johann Wolfgang von Goethe

Besser ist's, man hat in der **Jugend** zu kämpfen als im **Alter.**
Gottfried Keller

Das **Alter** wägt und misst es, die **Jugend** spricht:
So ist es.
August Graf von Platen

Das, das gibt erst dem Menschen seine ganze Jugend, dass er **Fesseln** zerreißt.
Friedrich Hölderlin

Nirgends erfreut uns der warme Blick menschlichen Wohlwollens so sehr wie im Antlitz der **Jugend**: wenn die stille Kraft wohlwollender Güte noch unbeholfen und des eigenen Daseins noch kaum bewusst mitten aus Ungestüm und jugendlicher Härte aufleuchtet – wie ein Geschenk, das unerwartet zu uns kommt.
Hans Margolius

Die **Jugend** ist nicht das Alter der Rache und des Hasses, sondern das des Mitleidens, der Milde, der Großmut.
Jean-Jacques Rousseau

Das Fieber der **Jugend** hält den Rest der Welt auf Normaltemperatur.
Georges Bernanos

Die **Heiterkeit** und der **Lebensmut** unserer Jugend beruht zum Teil darauf, dass wir, bergauf gehend, den Tod nicht sehen, weil er am Fuße der anderen Seite des Berges liegt.
Arthur Schopenhauer

Das Herrliche an der **Jugend** ist das ihr eigene übermütige Gefühl, dass die Unermesslichkeit des Raumes ihr Besitztum sei.
Gilbert Keith Chesterton

Das ist ewige **Jugend**, dass immer Kräfte genug im Spiele sind, und wir uns ganz erhalten in Lust und Arbeit.
Friedrich Hölderlin

Das Leben der Jugend beherrscht die **Leidenschaft**, sie geht hauptsächlich auf das Vergnügen aus und genießt den Augenblick.
Aristoteles

Das reife Alter ist aller Freuden des blühenden Jugendalters fähig, und das hohe Alter aller Freuden der **Kindheit**.
Joseph Joubert

Jeder Wolkendunst unserer Jugend, der sich harmlos zu verziehen schien, kommt irgendwann einmal als **Gewitter** wieder.
Arthur Schnitzler

Dass doch die Jugend immer zwischen den **Extremen** schwankt!
Johann Wolfgang von Goethe

Jugend ist kein **Verdienst**, Alter ist kein Verdienst. Jugend ist ein Kredit, der jeden Tag kleiner wird.
Willy Brandt

Denn niemand glaube, die ersten **Eindrücke** der Jugend überwinden zu können.
Johann Wolfgang von Goethe

Der Junge soll seine **Kraft** auf die Vorbereitung, der Alte auf die Nutzung verwenden.

Michel de Montaigne

Die Jugend besteht nicht nur aus **Blüten**.

Leo N. Tolstoi

Die Jugend hat **Heimweh** nach der **Zukunft**.

Jean-Paul Sartre

Die Jugend ist die Zeit der **Unruhe**, das Alter die der **Ruhe**: Schon hieraus ließe sich auf ihr beiderseitiges Wohlbehagen schließen.

Arthur Schopenhauer

Die Jugend ist die Zeit, die **Weisheit** zu studieren, das Alter, die erlangte Weisheit auszuüben.

Jean-Jacques Rousseau

Die jungen Leute leiden weniger unter ihren **Fehlern** als unter der Weisheit der Alten.

Vauvenargues

Es ist besser, ein junger **Maikäfer** als ein alter **Paradies-vogel** zu sein.
Mark Twain

Es gibt **Menschen**, die immer jung bleiben, und ande-re, die nie jung waren.
Leo N. Tolstoi

Forcierte **Jugendlichkeit** macht nur noch viel älter.
Franziska Gräfin zu Reventlow

Die Jugend trachtet nach dem **Unmöglichen**, und nur aus dem Unmöglichen ist das **Mögliche** geworden.
Ernst Wiechert

Geld kann vieles in der Welt, Jugend kauft man nicht ums Geld.
Ferdinand Raimund

Ich hör es gern, wenn auch die Jugend plappert;
Das **Neue** klingt, das **Alte** klappert.
Johann Wolfgang von Goethe

Ich weiß, dass das **Leben** wirklich immer wieder von vorn anfängt, immer wieder neu, immer, und man ist wieder jung. Franziska Gräfin zu Reventlow

Der Jugend wird meist der Vorwurf gemacht, sie glaube, dass die **Welt** mit ihr erst anfange. Aber das Alter glaubt noch öfter, dass mit ihm die Welt aufhöre.
Friedrich Hebbel

Ich weiß, was Jugend ist: inniges, unzerstreutes **Empfinden** des eigenen Selbst. Bettina von Arnim

In der Jugend bald die Vorzüge des Alters gewahr zu werden, im Alter die Vorzüge der Jugend zu erhalten, beides ist nur ein **Glück**. Johann Wolfgang von Goethe

In der Jugend herrscht die Anschauung, im Alter das Denken vor: Daher ist jene die Zeit für **Poesie**, dieses mehr für die **Philosophie**. Arthur Schopenhauer

Die Jugend will das **Leben** kennen lernen – mit dem heutigen Datum. Josef Čapek

In der **Jugend** lernt man, im **Alter** versteht man.

Marie von Ebner-Eschenbach

Jugend ist das Einzige, was zu besitzen sich lohnt.

Oscar Wilde

Jugendeindrücke verlöschen nicht, auch in ihren kleinsten Teilen.

Johann Wolfgang von Goethe

Jung sein ist schön, **alt sein** ist bequem.

Marie von Ebner-Eschenbach

Junge Leute kennen eher die **Liebe** als die **Schönheit**.

Vauvenargues

Junge Leute lieben das **Interessante** und Absonderliche, gleichgültig wie wahr oder falsch es sei.

Friedrich Nietzsche

Man hört auf, jung zu sein, wenn man die **Gesellschaft** der anderen nicht mehr benötigt.

Cesare Pavese

Junge Leute: Sie haben fast alle **Fieber**. Jules Renard

Man bleibt jung, solange man noch lernen, neue **Gewohnheiten** annehmen und **Widerspruch** ertragen kann. Marie von Ebner-Eschenbach

Der Mensch ist in seinem Dasein nur zweimal ein völlig Ganzes: im gedankenlosen **Genusse** der Jugend und in der bedingungslosen **Ergebenheit** des Alters.
Peter Rosegger

Man hat nichts davon, wenn man nur **jung**, aber nicht **schön** ist, oder nur schön, aber nicht jung.
La Rochefoucauld

Man verliert seine Jugend, wenn man seine **Sinne** nicht gebraucht. Johann Gottfried Herder

Manches lange Leben dient dazu, von den **Plänen** der Jugend wegzukommen. Ludwig Marcuse

Mehr noch als nach dem **Glück** unserer Jugend sehnen wir uns im Alter nach den Wünschen unserer Jugend zurück.

Marie von Ebner-Eschenbach

Nur in der Jugend ist man wahrer **Weltbürger**;
die besten unter den Alten sind nur **Erdenbürger**.

Ludwig Börne

Und besonders bedarf die **Jugend**, dass man sie leite.

Johann Wolfgang von Goethe

Vergessen können ist das Geheimnis ewiger Jugend. Wir werden alt durch **Erinnerung**.

Erich Maria Remarque

Was man in der **Jugend** wünscht, hat man im **Alter** in Fülle.

Johann Wolfgang von Goethe

Wenn das Alter stark und die Jugend klug wär, das wär **Geld**s wert. Martin Luther

Wenn die Jugend ein **Fehler** ist, so legt man ihn sehr schnell ab. Johann Wolfgang von Goethe

Ein junger Mensch ist wie ein junger **Most** – der lässt sich nicht halten, er muss gären. Martin Luther

Stärke und **Schönheit** sind Vorzüge der Jugend, des Alters Blüte aber ist die **Besonnenheit**. Demokrit

In seiner Jugend glaubt jeder, dass die **Welt** eigentlich erst mit ihm angefangen habe und dass alles eigentlich um seinetwillen da sei. Johann Wolfgang von Goethe

Die Jugend ist die Periode der **Nachahmung**. Jean Paul

Es ist nicht übel, wenn man in der Jugend oben hinaus will; aber das reifere Leben neigt sich wieder zum **Menschlichen** und Stillen. Friedrich Hölderlin

In der Jugend kann man gegen niemanden gleichgültig sein – **Hass** oder **Liebe**. Jean Paul

Das Hauptstudium der Jugend sollte sein, die **Einsamkeit** ertragen zu lernen, weil sie eine Quelle des Glückes und der Gemütsruhe ist. Arthur Schopenhauer

Fasten, studieren, keine Frauen sehn – klarer **Verrat** am Königtum der Jugend. William Shakespeare

Jugend ist **Sauerteig**, aber Sauerteig ist noch nicht das ganze Brot. Alexander Puschkin

Der Jugend kann ich nur drei Worte des Rates erteilen: **arbeite**, arbeite, arbeite. Otto von Bismarck

Die Jugend neigt immer zu einer gewissen Raschheit im **Urteilen**, die ihr Ehre macht, ihr aber auch schaden kann. Honoré de Balzac

Ihr Götter, ich bitte euch nicht, mir die Jugend zu lassen, aber lasst mir die **Tugenden** der Jugend – den uneigennützigen Groll, die uneigennützige Träne.

Heinrich Heine

Das ist das Schöne an der Jugend, dass sie mit ebenso viel **Hoffnungen** operiert wie das Alter mit **Erinnerungen**.

Bertha von Suttner

Wenn auch die **Welt** im Ganzen fortschreitet, die Jugend muss doch immer wieder von vorne anfangen.

Johann Wolfgang von Goethe

Jugend ist eine wunderbare Sache. Wie schade, dass sie an die **Kinder** verschwendet wird.

George Bernard Shaw

Erziehung ist die organisierte Verteidigung der Erwachsenen gegen die Jugend.

Mark Twain

Wenn man der **Jugend** doch klarmachen könnte, dass es nicht darauf ankommt, dies oder jenes zu sein, sondern: „zu sein“. André Gide

Wenn es für unser Leben etwas **Ewiges** geben soll, so sind es die Erschütterungen, die wir in der Jugend empfangen. Theodor Storm

Die Jugend ist glücklich, weil sie fähig ist, **Schönheit** zu erkennen. Jeder, der sich die Fähigkeit erhält, Schönes zu erkennen, wird nie alt werden. Franz Kafka

Man muss jung sein, um große **Dinge** zu tun.
Johann Wolfgang von Goethe

Das Leben mit seinen verschiedenen Epochen ist eine **Schatzkammer**. Wir werden reich in jedem Gewölbe beschenkt; wie reich, das erkennen wir erst beim Eintritt in das nächste Gewölbe. Friedrich Hebbel

Die **Welt** vergöttert die Jugend, aber regieren lässt sie sich von den Alten. Henry de Montherlant

Wer in einem gewissen Alter frühere **Jugendwünsche** und Hoffnungen realisieren will, betrügt sich immer; denn jedes Jahrzehnt des Menschen hat sein eigenes Glück, seine eigenen Hoffnungen und Aussichten.

Johann Wolfgang von Goethe

Man **altert** nur von 25 bis 30. Was sich bis dahin erhält, wird sich wohl auf immer erhalten. Friedrich Hebbel

Am Anfang gehören alle **Gedanken** der Liebe.
Später gehört dann alle Liebe den Gedanken.

Albert Einstein

An der **Erziehung** der Jugend hängen Wohlfahrt und Ehre eines ganzen Reiches. Christina von Schweden

Wenn man fühlt, dass man mit den Jahren vielleicht an **Übersicht** und **Geschmack** gewonnen hat, so glaubt man einigen Ersatz zu sehen, wenn sich Energie und Fülle nach und nach verlieren.

Johann Wolfgang von Goethe

Da ich noch ein Kind war, hört ich stets der Jugend Führer sei das Alter; beiden sei, nur wenn sie als Verbundene wandeln, **Glück** beschert.

Johann Wolfgang von Goethe

Die Jugend hat **Heimweh** nach der Zukunft.

Jean Paul Sartre

Im zwanzigsten Lebensjahr regiert der **Wille**, im dreißigsten das **Wissen**, im vierzigsten das **Urteil**.

Benjamin Franklin

Verminderung der **Bedürfnisse** sollte wohl das sein, was man der Jugend durchaus einzuschärfen und wozu man sie zu stärken suchen müsste.

Georg Christoph Lichtenberg

Wir können nicht erziehen, weil alle **Erziehung** auf die Ewigkeit gehen muss und die Eltern der vor uns sitzenden Jugend nicht die Ewigkeit wollen, sondern ganz ausdrücklich das, was zeitgemäß ist.

Paul de Lagarde

Der Mensch kann nur Mensch werden durch die **Erziehung**. Er ist nichts, als was die Erziehung aus ihm macht.

Immanuel Kant

Man muss keine **Jugendfehler** ins Alter hineinnehmen, denn das Alter führt seine eigenen Mängel mit sich.

Johann Peter Eckermann

Das **Leben** besteht nicht aus siebzig Jahren, sondern die siebzig Jahre bestehen aus einem fortwehenden Leben, und man hat allemal gelebt und genug gelebt, man sterbe, wann man will.

Jean Paul

Nimm die **Erfahrung** und die Urteilskraft der Menschen über 50 heraus aus der Welt, und es wird nicht genug übrig bleiben, um ihren Bestand zu sichern.

Henry Ford

Der größte Fehler, den man bei der Erziehung zu begehen pflegt, ist, dass man die Jugend nicht zum eigenen **Nachdenken** bringt.

Gotthold Ephraim Lessing

In der Jugend sind wir in der Regel sanguinisch, in späteren Jahren cholerisch, nach der Ernte der **Erfahrungen** mehr oder weniger melancholisch und im hohen Alter stumpf wie das Phlegma. Karl Julius Weber

Das Leben wird gegen Abend, wie die **Träume** gegen Morgen, immer klarer. Karl Julius Weber

Nur den **Göttern** ist des Alters Bürde fremd.
Sophokles

Das Alter muss doch einen Vorzug haben, dass, wenn es auch dem **Irrtum** nicht entgeht, es doch sich auf der Stelle fassen kann. Johann Wolfgang von Goethe

Es gibt eine Art, das **Leben** zu verlängern, die ganz in unserer Macht steht: Früh aufstehen, zweckmäßiger Gebrauch der Zeit, Wählung der besten Mittel zum Endzweck und, wenn sie gewählt sind, muntere Ausführung. Georg Christoph Lichtenberg

Der Mensch bedarf der **Erziehung**. Nicht als ob er ohne Erziehung nicht gedeihen könnte, sondern weil es nicht dem Zufall überlassen bleiben soll, ob er gedeihen werde. Johann Friedrich Herbart

Der **Irrtum** ist recht gut, solange wir jung sind, man muss ihn nur nicht mit ins Alter schleppen.

Johann Wolfgang von Goethe

Außer der **Zeit** gehört uns nichts. Seneca

Frohsinn und **Zufriedenheit** sind große Verschönerer und berühmte Pfleger von jugendlichem Aussehen.

Charles Dickens

Leben ist ein Feuerprozess. Je reiner der Geist ist, desto heller, feuriger das Leben. Novalis

Erfahrung ist wie eine **Laterne** am Rücken: Sie beleuchtet immer nur das Stück des Weges, das wir bereits hinter uns haben. Konfuzius

Die Vergangenheit und die Gegenwart sind unsere Mittel. Die **Zukunft** allein ist unser Zweck. Blaise Pascal

Was du für den **Gipfel** hältst, ist nur eine Stufe.
Seneca

Ich lebe in jener **Einsamkeit**, die peinvoll ist in der Jugend, aber köstlich in den Jahren der Reife.
Albert Einstein

Der **Augenblick** ist kostbar wie das Leben eines Menschen. Friedrich Schiller

Wir können nicht eine Seite aus dem Buche unseres Lebens reißen, aber wir können das ganze **Buch** ins Feuer werfen. George Sand

Du kannst dein **Leben** nicht verlängern noch verbreitern, nur vertiefen. Gorch Fock

Unkraut nennt man die Pflanzen, deren Vorzüge noch nicht erkannt worden sind. Ralph Waldo Emerson

Nichts ist schneller als die **Jahre**. Ovid

Wir können im Leben höchstens eine große **Erfahrung** haben, und das Geheimnis des Lebens ist, diese Erfahrung so oft wie möglich wieder zu haben. Oscar Wilde

Die **Zeiten** ändern sich und noch viel mehr die Menschen; und nur selten hebt man mit freud'gem Lächeln wieder auf, was man mit bittern Tränen fallen ließ.

Friedrich Hebbel

Der gerade Weg ist der kürzeste, aber es dauert meist am längsten, bis man auf ihm zum **Ziele** gelangt.

Georg Christoph Lichtenberg

Liebst du das Leben? Dann verschwende keine **Zeit**, denn daraus ist das Leben gemacht. Clemens Brentano

Alt wird man wohl, wer aber **klug**?

Johann Wolfgang von Goethe

Leben ist ewiger **Unterricht** in Ursache und Wirkung.

Ralph Waldo Emerson

Niemand kann seinen **Leidenschaften** und seinem Nutzen zur gleichen Zeit dienen.

Mark Aurel

Werde, was du noch nicht bist, bleibe, was du jetzt schon bist; in diesem **Bleiben** und diesem **Werden** liegt alles Schöne hier auf Erden.

Franz Grillparzer

Das **Schicksal** nimmt nichts, was es nicht gegeben hat.

Seneca

Gib der **Alltäglichkeit** ihr Recht, und sie wird dir mit ihren Anforderungen nicht zur Last fallen.

Clemens Brentano

Mit 20 hat jeder das **Gesicht**, das Gott ihm gegeben hat, mit 40 das Gesicht, das ihm das Leben gegeben hat, und mit 60 das Gesicht, das er verdient.

Albert Schweitzer

Alt ist man dann, wenn man den **Lastern** nicht mehr auszuweichen braucht, weil sie einem nicht mehr begegnen.

Gustave Flaubert

Es gibt keinen traurigeren Anblick als einen jungen **Pessimisten** – mit Ausnahme eines alten **Optimisten**.

Mark Twain

Jeder, der aufhört zu **lernen**, ist alt, mag er zwanzig oder achtzig Jahre zählen. Jeder, der weiterlernt, ist jung, mag er zwanzig oder achtzig Jahre zählen.

Henry Ford

Genau wie ich einen jungen Menschen gutheiße, in dem eine Spur von Alter ist, billige ich einen alten Menschen, der das Aroma der Jugend hat. Wer sich bemüht, Jugend und Alter zu vermischen, wird wohl körperlich **altern**, aber nie geistig.

Cicero

Wenige **Leute** verstehen es, alt zu werden.

La Rochefoucauld

Man nützt und versteht nur solche **Lebensregeln**, von denen man die Erfahrungen, worauf sie ruhen, so durchgemacht, dass man die Regeln hätte selber geben können.

Jean Paul

Man darf nur alt werden, um milder zu sein: Ich sehe keinen **Fehler** begehen, den ich nicht auch begangen hätte.

Johann Wolfgang von Goethe

Reif ist, wer auf sich selbst nicht hereinfällt.

Heimito von Doderer

Mit dem Leben ist es wie mit einem **Theaterstück**: Es kommt nicht darauf an, wie lange es ist, sondern wie bunt.

Seneca

Bedenke stets, dass alles **vergänglich**, dann wirst du im Glück nicht zu fröhlich und im Leid nicht zu traurig sein.

Sokrates

Ein Tag der **Gunst** ist wie ein Tag der Ernte; man muss geschäftig sein, sobald sie reift.

Johann Wolfgang von Goethe

In einem schwankenden **Schiff** fällt um, wer stillsteht, nicht wer sich bewegt. Ludwig Börne

Greift nur hinein ins **Menschenleben**! Ein jeder lebt's, nicht vielen ist's bekannt, und wo ihr's packt, da ist's interessant. Johann Wolfgang von Goethe

Der Mensch und die **Gurken** taugen nichts, sobald sie reif sind. Jean Paul

Das **Gedächtnis** nimmt ab, wenn man es nicht übt.

Cicero

Wie wenig, dass so wenig **Raum** ist zwischen der Zeit, wo man jung, und der, wo man zu alt ist. Montesquieu

Das **Schicksal** geht mit uns wie mit Pflanzen um: Es macht uns durch kurze Fröste reifer. Jean Paul

Ich denke niemals an die **Zukunft**. Sie kommt früh genug. Albert Einstein

Nichts macht schneller alt, als der immer vorschwebende **Gedanke**, dass man älter wird.
Georg Christoph Lichtenberg

Um alt zu werden, darf man keine **Grundsätze** haben.
Ludwig Börne

Die **Sorge** geziemt dem Alter, damit die Jugend eine Zeitlang sorglos sein könnte. Johann Wolfgang von Goethe

Älter werde ich stets, doch nimmer lerne ich aus. Solon

Unglückliches **Geschick** der Menschen! Kaum ist der Geist zu seiner Reife gelangt, beginnt der Körper dahinzuwelken. Montesquieu

Das **Alter**, das man haben möchte, verdirbt das Alter, das man hat. Paul von Heyse

Habgier im Alter ist eine Narrheit. Vergrößert man denn seinen Reiseproviant, wenn man sich dem Ziel nähert? Cicero

Das **Alter** nimmt dir nichts, was es dir nicht erstattet.
Friedrich Rückert

Alte **Bäume** behämmert der Specht am meisten.
Wilhelm Busch

Das Bewusstsein eines erfüllten Lebens und die Erinnerung an viele gute Stunden sind das größte **Glück** auf Erden. Cicero

Wir **wissen** wohl, wer wir sind; aber nicht, was wir werden können. William Shakespeare

Keine **Kunst** ist's alt zu werden; es ist Kunst, es zu ertragen. Johann Wolfgang von Goethe

In der **Kindheit** beschränkt sich unsere Liebe auf Eltern, Geschwister und Schulkameraden, in der **Jugend** aufs Geschlecht. Im **mittleren Alter** lieben wir Vaterland, Ehren, Studien, im **Alter** die Menschheit.
Karl Julius Weber

Das Alter ist nur eine zweite **Kindheit**. Aristophanes

Kein **Weiser** hat sich je gewünscht, jünger zu sein.
Jonathan Swift

Alter gibt **Erfahrung**. Ovid

Es gibt kaum Menschen, die beim ersten Nahen des Alters nicht verrieten, wo ihr **Körper** und **Geist** zuerst schwach werden dürften. La Rochefoucauld

Man fürchtet das **Alter**, obwohl man gar nicht sicher ist, es zu erreichen.
Jean de La Bruyère

Nicht die Jahre, sondern die **Untätigkeit** macht uns alt.
Christina von Schweden

Man spricht viel von der Erfahrung des Alters. Das Alter nimmt uns die **Torheit** und Fehler der Jugend, aber es gibt uns nichts.
Montesquieu

Mit dem Alter nimmt die **Urteilskraft** zu und das **Genie** ab.
Immanuel Kant

So wie der Mensch unablässlich vor **Alter** stirbt, so werden andere Sachen unablässlich durch Alter gut. Es geht mit unserer Weisheit nicht besser.
Georg Christoph Lichtenberg

Der Alte verliert eines der größten **Menschenrechte**: Er wird nicht mehr von seinesgleichen beurteilt.
Johann Wolfgang von Goethe

Das Alter raubt dem geistreichen Menschen nur die für die **Weisheit** zwecklosen Eigenschaften. Joseph Joubert

Alter ist jene Lebensperiode, in der wir die **Sünden**, die wir noch begehen, dadurch wettmachen, dass wir jene verabscheuen, die zu begehen wir nicht mehr imstande sind. Ambrose Bierce

Der Abend des Lebens bringt seine **Lampe** mit.
Joseph Joubert

Das Alter erscheint mit den Jahren allmählich, aber mit einer **Krankheit** oder einem großen Unglücksfall, den nichts je wieder gutmachen kann, plötzlich.
Wilhelm von Humboldt

Das Alter ist ein natürlicher, menschlicher Zustand, dem **Gott** seine eigenen Gefühle geschenkt hat, die ihre eigenen Freuden in sich tragen. Wilhelm von Humboldt

In natürlich gut gearteten Menschen sind dem Alter Ruhe, Aufhören vom Zufall abhängiger Bestrebungen, Geduld, Freiheit von zu ängstlichen Sorgen eigen, und diese **Vorzüge** erhöhen und verschönern alles.

Wilhelm von Humboldt

Lacht nur über das Alter, ihr Jungen, lacht nur über eine **Vergangenheit**, die eure **Zukunft** ist!

Marie von Ebner-Eschenbach

Je älter und stiller man in der Welt wird, umso fester und froher hält man sich an erprüfte **Gemüter**. Und das ist auch ganz notwendig, denn das, was man hat, versteht und ermisst man erst recht, wenn man sieht, wie wenig manches andre ist.

Friedrich Hölderlin

Im Alter gibt es keinen schöneren **Trost**, als dass man die ganze Kraft seiner Jugend Werken einverleibt hat, die nicht mitaltern.

Arthur Schopenhauer

Das Alter findet die **Kraft** des Ausdrucks; selbst die Gesichtsfarbe klärt sich.

Ralph Waldo Emerson

Alt werden heißt – sehend werden.

Marie von Ebner-Eschenbach

Schlimmer noch als eine Jugend ohne **Hoffnung** ist ein Alter ohne **Frieden**. Marie von Ebner-Eschenbach

Was einen, wenn man jung ist, als eine **Mücke** umschwirrte, das wird im Alter zu einer **Hornisse**.

Wilhelm Raabe

Die **Tragödie** des Alters besteht nicht darin, dass man alt ist, sondern dass man jung ist. Oscar Wilde

Alte Leute sind gefährlich: Sie haben keine Angst mehr vor der **Zukunft**. George Bernard Shaw

Keine Grenze verlockt mehr zum **Schmuggeln** als die Altersgrenze. Karl Kraus

Es sollte schön sein, alt zu werden, voll des Friedens, der aus Erfahrung stammt, und voll der Falten reifer **Erfüllung**. D. H. Lawrence

Die jüngere **Generation** ist der Pfeil, die ältere der Bogen. John Steinbeck

Wie alt man geworden ist, sieht man an den **Gesichtern** derer, die man jung gekannt hat. Heinrich Böll

Das Alter hat auch gesundheitliche Vorteile: Zum Beispiel verschüttet man viel von dem **Alkohol**, den man trinken möchte. André Gide

Dass der **Verstand** erst mit den Jahren kommt, sieht man nicht eher ein, als bis der Verstand und die Jahre da sind. Jean Paul

Wahrhaftig, mich wundert's, dass sie unsereinen mit „Guten Abend" grüßen und nicht mit „Guten **Lebensabend**", damit man wisse, wo man hält. Alfred Polgar

Man sagt „in jungen Jahren“ und „in alten Tagen“, weil die Jugend **Jahre**, das Alter aber nur noch **Tage** vor sich hat. Marie von Ebner-Eschenbach

Das **Leben** wäre unendlich viel angenehmer, wenn wir mit 80 geboren würden und langsam auf die 18 zustrebten. Mark Twain

Wer im zwanzigsten **Lebensjahr** nicht schön, im dreißigsten nicht stark, im vierzigsten nicht klug und im fünfzigsten nicht reich ist, der darf danach nicht hoffen. Martin Luther

Um seine Jugend zurückzuerhalten, muss man nur seine **Torheiten** wiederholen. Oscar Wilde

Der Vorteil des Alters liegt darin, dass man die Dinge nicht mehr begehrt, die man sich aus **Geldmangel** früher nicht leisten konnte. Lebensweisheit

Altern heißt, sich über sich selbst klar werden und sich beschränken.

Simone de Beauvoir

Es gibt etwas Traurigeres als Altwerden, und das ist: **Kind** bleiben.

Cesare Pavese

Reifer werden heißt schärfer trennen, inniger verbinden.

Hugo von Hofmannsthal

Ohne Zweifel ist der gereifte Mensch fähig und geübt, das **Bedeutende** in größerem Ausmaß zu erkennen; aber seine gereiften eigenen Zwecke und Kräfte zwingen ihn auch, vieles von sich auszuschließen. Er lehnt nicht aus Unverständnis ab, aber er lässt mehr beiseite.

Robert Musil

Der **Tod** bedroht in gleicher Weise jedes Lebensalter.

Cicero

Alles **Besondere** lebt nur kurz und altert nur selten.

Martial

Die **Reife** ist auch dies: nicht mehr außerhalb suchen, sondern es geschehen lassen, dass das innerste Leben spricht mit seinem Rhythmus, der allein zählt.

Cesare Pavese

Reif sein heißt, im scheinbar Selbstverständlichen das Höchste suchen und es wirklich realisieren.

Hugo von Hofmannsthal

Das Alte stürzt, es ändert sich die Zeit, und neues Leben blüht aus den **Ruinen**.

Friedrich Schiller

Sterben können befreit uns von aller Knechtschaft, von allem Zwang.

Michel de Montaigne

Die alten Leute geben gerne gute **Verhaltensmaßregeln**, um sich darüber zu trösten, dass sie nicht mehr imstande sind, schlechte Beispiele zu geben.

La Rochefoucauld

Das **Leben** kann und soll im Alter immer schöner und großartiger werden, leichter aber wird es nicht.

Carl Hilty

Im Alter versteht man besser, die **Unglücksfälle** zu verhüten, in der Jugend sie zu ertragen.

Arthur Schopenhauer

Wer in der Jugend einen **Weinberg** anlegt, hat im Alter **Trauben**.

Lebensweisheit

Wenn man **alt** ist, muss man mehr tun, als da man **jung** war.

Johann Wolfgang von Goethe

Mein **Leben** geht zu Ende, ich weiß es und fühle es. Doch fühle ich auch mit jedem sich neigenden Tag, wie sich mein irdisches Leben mit einem neuen, unendlichen, unbekannten, aber schon nah herankommenden Leben berührt, in dessen Vorgefühl meine Seele vor Entzücken erzittert, mein Geist leuchtet und mein Herz vor Freude weint.

F. M. Dostojewski

Das sicherste Zeichen des beginnenden Alters ist, dass man geschwind noch einige **Jugendtorheiten** begeht.

Lebensweisheit

Nur ein **Phantast** kann damit rechnen, dass er einmal an dem Kräfteverfall sterben wird, den das Greisenalter mit sich bringt, und sich vornehmen, so lange zu leben. Ist das doch die seltenste von allen Todesformen und die gebräuchlichste. Michel de Montaigne

Ich bin zu alt, um nur zu spielen, zu jung, um ohne **Wunsch** zu sein. Johann Wolfgang von Goethe

Es ist das **Vorrecht** der Alten, keine Sache weder zuviel noch zuwenig zu tun. Gotthold Ephraim Lessing

Das **Alter** macht nicht kindisch, wie man spricht, es findet uns nur noch als wahre Kinder.

Johann Wolfgang von Goethe

Alte Menschen verfügen über **Verstand**, Vernunft und klugen Rat. Cicero

War es immer wie jetzt? Ich kann das **Geschlecht** nicht begreifen. Nur das Alter ist jung, ach! und die Jugend ist alt. Friedrich Schiller

Eilig entschwindet die **Zeit**, unmerklich beschleicht uns das Alter. Ovid

Reif sein ist alles! William Shakespeare

Ein jedes Ding muss **Zeit** zum Reifen haben. William Shakespeare

Alter ist die Zeit, wo die **Erinnerung** an die Stelle der **Hoffnung** tritt. Wilhelm Raabe

Die zweite Hälfte seines Lebens verbringt der Weise damit, sich von den **Torheiten**, Vorurteilen und irrigen Ansichten zu befreien, die er sich in der ersten zu Eigen gemacht hat. Jonathan Swift

Täglich **sterben** wir: Täglich nämlich wird hinweg genommen ein Teil des Lebens, und auch dann, wenn wir wachsen, nimmt das Leben ab.
Seneca

An das nahende Alter sollt ihr jetzt schon denken, **Mädchen**; so wird euch die Zeit nicht ungenützt verstreichen.
Ovid

Es ist sehr schade, dass die **Kräfte** in dem Alter abnehmen, in dem der Geschmack sich vervollkommnet.
Voltaire

Älter werden heißt selbst ein neues Geschäft antreten; alle **Verhältnisse** verändern sich, und man muss entweder zu handeln ganz aufhören oder mit Willen und Bewusstsein das neue Rollenfach übernehmen.
Johann Wolfgang von Goethe

Je mehr und leichter die verschwindende Jugend zur **Starrheit** und Eintönigkeit führt, desto mehr muss man **Frische** und Neuheit in sich erhalten, nur immer wenig zu erwarten und Unendliches noch zu erringen glauben …
Wilhelm von Humboldt

Wir finden, dass alle, die ein sehr **hohes Alter** erreichten, solche Menschen waren, die in der Jugend Mühe, Arbeit, Strapazen ausgestanden haben.

Christoph Wilhelm Hufeland

Die Männer nach der **Uhr** werden gewöhnlich alt, denn die Fähigkeit, alt zu werden, macht sie zu Männern nach der Uhr. Georg Christoph Lichtenberg

Die Alten glauben alles, die **Menschen** im mittleren Alter misstrauen allem, die Jungen wissen alles.

Oscar Wilde

Solange ein Mensch noch ein **Ziel** vor Augen hat, das er erreichen muss, noch eine Aufgabe vor sich sieht, die er unter Einsatz all seiner Kräfte lösen muss, so lange wird er nicht wirklich alt. F. Selbmann

Es kommt eine **Zeit**, wo der Zuwachs der Kräfte aufhört und wo wir doch noch leben und wirken müssen.- Ich fühle das und muss mich oft recht zusammennehmen, um nicht mutlos zu werden, sondern den zerbröckelnden Rest noch haushälterisch zu benutzen.

Theodor Storm

Wenn ein Teil der Menschheit stürbe, der andere nicht, wäre das **Sterben** eine unerträgliche Trübsal.

Jean de La Bruyère

Es ist schon eine **Schande**, wenn jemand durch seine Nachlässigkeit altert, noch ehe er sich in voller körperlicher Kraft und Schönheit gesehen hat. Xenophon

Wenn man bereit ist zu **sterben**, ist es schön, und ich bin bereit. Leo N. Tolstoi

Die Krone des Alters aber ist das **Ansehen**. Cicero

Feurige **Charaktere** mit starken Trieben und heftigen Gemütsbewegungen sind nicht eher zum Handeln reif als bis sie den Merian ihrer Jahre überschritten haben.

Francis Bacon

Es kommt nicht auf das Alter an: Lange bevor der Tod kommt, stirbt der Mensch mehr als einmal seelisch und wird wieder geboren: Das Feuer scheint erloschen zu sein, unter der Asche glimmt kaum noch ein Brand, doch menschlicher Atem entzündet ihn von neuem. Es kommt immer auf die **Menschen** an.

Ilja Ehrenburg

Das Alter ist, als ob man mit dem **Flugzeug** in einen Sturm gerät. Einmal an Bord, kann man nichts mehr daran ändern.

Golda Meir

Je älter man wird, desto mehr liebt man das **Anstößige**.

Virginia Woolf

Älter werden heißt, auf Grund veralteter **Erfahrungen** falsche Schlüsse auf die Gegenwart zu ziehen.

Kurt Guggenheim

Wie betrübend es auch sei, es ist ein **Naturgesetz**, dass Menschen sterben, und haben sie recht gelebt und ihr Alter in Kindern verherrlicht, so sterben sie nicht ganz; denn in den Ihrigen lebt die Erinnerung fort, bis sie erst in Enkeln nach und nach ausbleicht. Und so ist es recht, dass die Welt immer als ein frisches, ursprüngliches, herrliches Ganzes dasteht, als wäre sie erst gestern aus dem Haupte des Schöpfers entsprungen.

Adalbert Stifter

Vierzig ist für die **Jugend** das **Alter** und fünfzig für das Alter die Jugend. Victor Hugo

Jede Periode es Lebens hat ihre **Leidenschaften**. Das Alter, das man für die weiseste halten sollte, hat gewöhnlich die schmutzigsten. Johann Gottfried Seume

Ich habe die **Erfahrung** gemacht, sobald die Leute alt genug sind, es besser zu wissen, wissen sie überhaupt nichts. Oscar Wilde

Zum Tode Verurteilte haben es oft eilig mit dem **Sterben**, sie drängen auf baldige Hinrichtung; sie tun das nicht aus Entschlossenheit, sondern sie wollen die Zeit verkürzen, in der sie dem Tod ins Auge sehen müssen: Nicht das Totsein ist ihnen unerträglich, sondern das Sterben. Michel de Montaigne

Der **Tod** ist erkanntes Ende. Oswald Spengler

Das **Alter** ist von Natur geschwätziger. Cicero

Solange Kräfte und Jahre es noch zulassen, ertragt Strapazen; schweigenden Schrittes, gekrümmt nähert das **Alter** sich bald. Ovid

Das, was man **Alter** nennt, ist der Ablauf sehr weniger Jahre. Seneca

Man kann nichts dagegen tun, dass man **altert**, aber man kann sich dagegen wehren, dass man veraltet.

Lord Samuel

Wir leben, also **sterben** wir. Gut leben heißt gut sterben.

Leo N. Tolstoi

Es liegt in dem Alter selbst, dass man die **Flüchtigkeit** der Zeit beschleunigt findet. Je weniger man zustande bringt, desto kürzer scheint sie. Wilhelm von Humboldt

Alles in der Welt hat seine **Zeit** und muss versinken. Nur der Mensch weiß um seinen Tod. Karl Jaspers

Welche **Freude**, wenn es heißt: Alter, du bist alt an den Jahren, blühend aber ist dein Geist.

Gotthold Ephraim Lessing

Das Alter ist ein **Tyrann**, der bei Lebensstrafe alle Vergnügungen der Jugend verbietet. La Rochefoucauld

Was die Zeit dem Menschen an **Haar** entzieht, das ersetzt sie ihm an **Witz**. William Shakespeare

Die **Körperkraft** kann nicht zunehmen über eine gewisse Mittagshöhe des Lebens hinaus, die geistige Kraft aber kann es unbeschränkt. Das ist der wahre Trost des Alternden. Carl Hilty

Das Leben trägt ein ehernes Gesetz in sich, und jedes Ding hat seinen **Preis**: auf der Liebe stehen die Schmerzen der Liebe, auf dem Glück des Erreichens die unendlichen Müdigkeiten des Weges, auf der erhöhten Einsicht die geschwächte Kraft des Empfindens, auf der glühenden Empfindung die entsetzliche Verödung. Auf dem ganzen Dasein steht als Preis der Tod.

Hugo von Hofmannsthal

Ich habe nicht den zähen **Eigensinn** der alten Leute. Ich bin geschmeidig wie ein Aal, lebhaft wie eine Eidechse und immer auf dem Sprung wie ein Eichhörnchen. Sobald man mir eine Dummheit nachgewiesen hat, setze ich schnell eine andere an ihre Stelle. Voltaire

Die **Toten** sind zahlreicher als die **Lebenden**. Ihre Zahl nimmt zu. Die Lebenden sind selten. Eugène Ionesco

Eben, wenn man alt ist, muss man zeigen, dass man noch **Lust** zu leben hat. Johann Wolfgang von Goethe

Ich habe des Alters bedurft, um zu erfahren, was ich **wissen** wollte, und bedürfte der Jugend, um schön zu sagen, was ich weiß. Joseph Joubert

Es ist ein **Vorteil** des Altwerdens, dass man gegen Hass, Beleidigungen, Verleumdungen gleichgültig wird, während die Empfänglichkeit für Liebe und Wohlwollen stärker wird. Otto von Bismarck

Es ist eine wunderbare Gabe der **Schöpfung**, dass Menschen, die man liebt, nicht altern. Ernst Penzoldt

Die alten Menschen: Wohl sind sie lange Schatten, und ihre **Abendsonne** liegt kalt auf der Erde, aber sie zeigen alle nach Morgen. Jean Paul

Es ist die **Todesstunde**, auf die wir alle hinleben, und in diesem Hinleben auf diese Stunde bewähren wir uns.

Hugo von Hofmannsthal

Die **Kunst** des Alterns besteht darin, gegen diese Übel anzukämpfen und ihnen zum Trotz den Ausklang unseres Lebens zu einer Zeit des Glücks zu machen.

André Maurois

Selbsterkenntnis, Selbstvertrauen und Selbstbeherrschung

Der Anfang der Selbstbesserung ist die **Selbsterkenntnis**.

Baltasar Gracián y Morales

Jeder blickt vor sich, ich blicke in mich.

Michel de Montaigne

Sich selbst zu kennen ist eine Pflicht, aber es ist uns nicht geboten, auch die anderen zu **erkennen**. Nach einem ersten Blick ihre Fehler zu beobachten, ist bei Geschäften nützlich, unserer Tugend aber unnütz, schädlich.

Joseph Joubert

Mensch, lerne dich selbst erkennen, das ist der Mittelpunkt aller **Weisheit**.

Gotthold Ephraim Lessing

Selbsterkenntnis ist ein unfehlbares Mittel gegen **Selbstliebe**.

Marie von Ebner-Eschenbach

Nichts gibt uns mehr **Aufschluss** über uns selbst, als wenn wir das, was vor einigen Jahren von uns ausgegangen ist, wieder vor uns sehen, sodass wir uns selbst nunmehr als Gegenstand betrachten können.

Johann Wolfgang von Goethe

Die Existenzen fremder Menschen sind die besten **Spiegel**, worin wir die unsrige erkennen können.

Johann Wolfgang von Goethe

Nur die **Oberflächlichen** kennen sich selbst.

Oscar Wilde

Wer sich selbst recht kennt, kann sehr bald alle anderen Menschen kennen lernen. Es ist alles **Zurückstrahlung**.

Georg Christoph Lichtenberg

Selbsterkenntnis führt zu **Demut** und zur **Gerechtigkeit**.

Johann Peter Hebel

Aus mangelnder **Selbsteinschätzung** entstehen so viele Fehler wie aus übertriebener Selbstachtung.

Montesquieu

Wer kennt sich selbst? Wer weiß, was er vermag?

Johann Wolfgang von Goethe

Im **Unglück** lernt man sich selbst am besten kennen, weil man nicht mehr durch **Freunde** abgelenkt wird.

Samuel Johnson

Man muss andere kennen lernen, um sich selbst zu kennen.

Ludwig Börne

Am wenigsten kennt man sich selber, und am schwersten fällt es jedem, über sich zu **urteilen**.

Cicero

Beobachtung seiner selbst ist eine Schule der Weisheit.

Baltasar Gracián y Morales

Der Mensch kann nichts Nützlicheres und Besseres kennen lernen als sich selbst und seine **Natur**.

Johann Peter Hebel

Den **Menschen** allein ist zuteil, sich selbst zu erkennen und verständig zu denken.

Heraklit

Wenn es nur immer gelänge, zur rechten Zeit den **Balken** im eigenen Auge zu sehen, wie viel besser wären wir!

Leo N. Tolstoi

Wer sich kennt, kann in sich vor- und rückwärts gehen.

Johann Wolfgang von Goethe

Wer sich **beurteilt** nur nach sich, gelangt zu falschen Schlüssen: Du selbst erkennst so wenig dich, als du dich selbst kannst küssen.

Friedrich von Bodenstedt

Man erkennt im Grunde immer nur sich selbst.

Oswald Spengler

Man muss sich selber kennen: Wenn das auch nicht dazu diente, die **Wahrheit** zu finden, so dient es doch wenigstens dazu, sein Leben zu ordnen; und es gibt nichts, das richtiger wäre. Blaise Pascal

Nötig ist nämlich zur Kenntnis seiner selbst die **Selbsterprobung**: Was ein jeder vermag, lernt er nicht anders als durch den Versuch. Seneca

Wie kann man sich selbst kennen lernen? Durch Betrachten niemals, wohl aber durch handeln. Versuche, deine **Pflicht** zu tun, und du weißt gleich, was an dir ist.
Johann Wolfgang von Goethe

Ich kehre in mich selbst zurück und finde eine **Welt**!
Johann Wolfgang von Goethe

Wer mit sich selbst sprechen kann, wird das **Gespräch** mit dem anderen nicht vermissen. Cicero

„**Erkenne dich selbst**!" stand am Eingang der antiken Welt geschrieben. Über dem Eingang der neuen Welt wird geschrieben stehen „Sei du selbst!"

Oscar Wilde

Wer sich selbst **imponiert**, gefällt auch anderen.

Vauvenargues

Man kann viel, wenn man sich nur recht viel zutraut.

Wilhelm von Humboldt

Das **Vertrauen**, das wir in uns selbst haben, bewirkt den größten Teil des Vertrauens, das wir in andere setzen.

La Rochefoucauld

Je weniger ich über ein Thema weiß, desto größeres **Selbstvertrauen** habe ich und desto mehr neues Licht werfe ich darauf.

Mark Twain

Selbstvertrauen ist die erste Voraussetzung für große **Vorhaben**.

Samuel Johnson

Sobald du dir vertraust, sobald weißt du zu **leben**.

Johann Wolfgang von Goethe

Wer hat nicht schon das, was er sich zutraut, für das gehalten, was er vermag?

Marie von Ebner-Eschenbach

Die Seele aller gelingenden Tätigkeit ist doch das tiefe **Selbstvertrauen**. Mit diesem sinkt alles hin.

Wilhelm von Humboldt

Ich schätze den als tapferer, der sein Verlangen überwindet, als jenen, der seine Feinde besiegt. Denn der schwerste **Sieg** ist der Sieg über sich selbst.

Aristoteles

Alle Kraft des Menschen wird erworben durch Kampf mit sich selbst und **Überwindung** seiner selbst.

Johann Gottlieb Fichte

Alles beruht drauf, dass du dir selbst gebietest.

Cicero

Nichts verleiht mehr **Überlegenheit**, als ruhig und unbekümmert zu bleiben. Thomas Jefferson

Unsere **Eigenliebe** verträgt Kritik an unseren Neigungen weniger als Kritik an unseren Überzeugungen.
La Rochefoucauld

Der **Feind** befindet sich in unseren Mauern. Gegen unseren eigenen Luxus, unsere eigene Dummheit und unsere eigene Kriminalität müssen wir kämpfen.
Cicero

Wer nicht sein eigener **Meister**, ist nicht frei. Epiktet

Das Übergewicht der **Neigungen** entschuldigt den Menschen nicht, dass er nicht Herr seiner selbst ist; er soll seine Kraft gebrauchen lernen, die in der Vernunft besteht. Gottfried Wilhelm Leibniz

Vergiss nicht, wenn du wütend bist, nichts zu tun oder zu sagen, bevor du dir das **Alphabet** aufgesagt hast.

Plutarch

Wer sich überwindet, besiegt seinen mächtigsten **Feind**.

Christina von Schweden

Was ist das höchste **Glück** des Menschen, als dass wir ausführen, was wir als recht und gut einsehen, dass wir wirklich Herren über die Mittel zu unseren Zwecken sind?

Johann Wolfgang von Goethe

So weit deine Selbstbeherrschung geht, so weit geht deine **Freiheit**.

Marie von Ebner-Eschenbach

Persönlichkeit und Charakter

Durch nichts bezeichnen die Menschen mehr ihren **Charakter** als durch das, was sie lächerlich finden.

Johann Wolfgang von Goethe

Der **Narr** tut, was er nicht lassen kann. Der **Weise** lässt, was er nicht tun kann.

Christian Morgenstern

Wer ein großer **Mann** werden will, darf weder in sich noch in seine eigenen Sachen verliebt sein, sondern in das, was recht ist.

Platon

Sage nicht immer, was du weißt, aber wisse immer, was du sagst.

Abraham Lincoln

Nichts bekommt einem großen Menschen besser als **Höflichkeit** und **Duldsamkeit**.

Cicero

Um seine **Schwächen** wissen – auch das kann eine **Stärke** sein, auch das kann liebenswürdig machen.

Hans Margolius

Die eine Hälfte des Lebens ist **Glück**, die andere ist **Disziplin** – und die ist entscheidend, denn ohne Disziplin könnte man mit seinem Glück nichts anfangen.

Carl Zuckmayer

Die **Umgebung**, in der der Mensch sich den größten Teil des Tages aufhält, bestimmt seinen Charakter.

Antiphon

Bei allen Dingen liebe die **Mäßigung**, eine Tugend, die schwerer ist, als sie scheint, aber notwendiger als irgendeine.

August Graf von Platen

Die **Vernunft** sagt, zur Erwählung des Besten sei nicht hinreichend, dass wir alles mit eigenen Augen sehen und untersuchen, sondern es gehöre dazu ein großer Vorrat an Kritik und Untersuchungsgabe und Scharfsinn und ein durchdringender, von allem Wahn und Vorurteil gereinigter Verstand.

Lukian

Wünsche nicht, etwas anderes zu sein als du bist, und versuche, das **vollkommen** zu sein. Franz von Sales

Die Motive bestimmen nicht den Charakter des Menschen, sondern die Erscheinung dieses Charakters, also die **Taten**. Arthur Schopenhauer

Nur im Wissen um das **Gute** eines Menschen ist wahres Wissen um sein eigentlichstes Wesen.

Hans Margolius

Ich bewundere nichts weniger als den **Reichtum** eines Menschen, wohl aber den Gebrauch, den er davon macht. Blaise Pascal

Um ein großer Mann zu sein, muss man von seinem ganzen Glück **Vorteil** zu ziehen verstehen.

La Rochefoucauld

Beobachtung seiner selbst ist eine Schule der **Weisheit**.

Baltasar Gracián y Morales

Niemand ist **frei**, der über sich selbst nicht Herr ist.

Matthias Claudius

Fast jede unserer **Fähigkeiten** schließt einen Mangel, ein Versagen in einer anderen Sphäre des Lebens in sich ein. Aber eben das bewahrt uns davor, auf irgendeine unserer Fähigkeiten allzu stolz zu sein.

Hans Margolius

Fordere kein lautes **Anerkennen**! Könne was, und man wird dich kennen.

Paul von Heyse

Man kann den **Charakter** eines Menschen nie besser kennen lernen als an seinem Krankenbette sowie die **Gesinnungen** während seines Rausches.

Franz Grillparzer

So wie das Tageslicht durch sehr kleine Löcher gesehen werden kann, so zeigen kleine Dinge den **Charakter** des Menschen.

Samuel Smiles

Die **Eitelkeit** ist eine Hypothek, die auf den Fähigkeiten eines Menschen ruht: man muss sie erst wegnehmen, um zu sehen, wie viel wirkliches, inneres Kapital vorhanden ist. Otto von Bismarck

Man muss **Glück** und **Verdienste** haben, um groß und heiter zu sein. Christina von Schweden

Andere neidlos **Erfolge** erringen zu sehen, nach denen man selber strebt, ist Größe. Marie von Ebner-Eschenbach

Alle **Kraft** des Menschen wird erworben durch Kampf mit sich selbst und Überwindung seiner selbst.
Johann Gottlieb Fichte

Die Haupteigenschaft eines Redners ist der ehrenvolle Charakter. Ohne diesen artet er zum **Deklamator** aus.
Jean de La Bruyère

Lächerlich erscheint der Mensch, der seinen **Charakter** und seine Kräfte überschreitet. Vauvenargues

Dass große Leute nur in der Ferne schimmern und dass ein **Fürst** vor seinem Kammerdiener verliert, kommt daher, weil kein Mensch groß ist. Immanuel Kant

Alle **Jahrhunderte** und alle **Länder** bringen große Männer hervor, aber das Glück und die Gelegenheit ist ihnen nicht immer so günstig, dass sie bekannt werden. Christina von Schweden

Hat man Charakter, so hat man auch sein typisches **Erlebnis**, das immer wieder kommt. Friedrich Nietzsche

Die guten **Vorsätze** kann ich nur als einen nutzlosen Versuch, die Entwicklungsgesetze aufzuheben, bezeichnen. Ihr Ursprung ist die reine Eitelkeit, ihr Resultat ein absolutes Nichts. Dann und wann verursachen sie uns freilich eine jener luxuriösen, unfruchtbaren Emotionen, die unter Umständen einen gewissen Reiz für uns haben können. Es sind Schecks, die jemand auf eine Bank ausstellt, auf der er kein Konto hat.

Oscar Wilde

Zu einem großen Mann gehört beides: **Kleinigkeiten** als Kleinigkeiten und wichtige Dinge als **wichtige Dinge** behandeln.

Gotthold Ephraim Lessing

Will das **Glück** sich mit mir einlassen, so muss es die Bedingungen annehmen, die mein Charakter ihm stellt.

Nicolas Chamfort

Große Männer sind wie **Meteore**, die bestimmt sind zu glänzen, um ihr Jahrhundert zu erhellen.

Napoleon Bonaparte

Obgleich das **Genie** stets Bewunderung hervorruft, wird doch dem Charakter die meiste Ehrfurcht gezollt.

Samuel Smiles

Es gibt wenig ganz außerordentliche Menschen, aber ein jeder hat einen **Zeitpunkt** des Lebens, wo er sich selbst übertrifft, und von diesem muss man Gebrauch machen.

Karl von Clausewitz

Wer über **See** geht, ändert das Klima und nicht den Charakter.
Horaz

Das **Unglück** ist der Prüfstein des Charakters.
Samuel Smiles

Wer viel Charakter hat, hat wenig **Eigentum**.
John Osborne

Jeder Mensch, der nur seinen Charakter realisiert, ist **dämonisch**.
Heimito von Doderer

Zerstreutheit ist ein Zeichen von Klugheit und Güte. Dumme und boshafte Menschen sind immer geistesgegenwärtig.
Charles Joseph Fürst von Ligne

Um die unangenehmsten Folgen der eigenen **Torheit** wirklich seiner Torheit und nicht seinem Charakter zur Last zu legen, dazu gehört mehr Charakter, als die meisten haben.
Friedrich Nietzsche

So gewiss ist der allein **glücklich** und groß, der weder zu herrschen noch zu gehorchen braucht, um etwas zu sein.
Johann Wolfgang von Goethe

Nicht allein die allgemeinen Tendenzen entscheiden in dem Fortgang der Geschichte; es bedarf immer großer **Persönlichkeiten**, um sie zur Geltung zu bringen.
Leopold von Ranke

Dies ist es, was wir **Persönlichkeit** nennen – eine aufgespeicherte Kraft, die unmittelbar und durch ihre bloße Gegenwart wirkt.
Ralph Waldo Emerson

Charakterfestigkeit heißt, die Wirkung der anderen auf sich selbst erprobt haben.
Stendhal

Wie der Schatten auf einem Bild, so bringt die **Bescheidenheit** menschliche Verdienste besser zur Geltung.
Jean de La Bruyère

Große Menschen sind Inhaltsverzeichnisse der **Menschheit**.
Friedrich Hebbel

Die Leute lassen sich lieber durch **Lob** ruinieren als durch **Kritik** bessern.
George Bernard Shaw

Bereuen heißt, sich selber im Stich lassen.
Friedrich Nietzsche

Das Große ist nicht, dass einer dies oder jenes ist; und das kann jeder **Mensch** sein, wenn er will.
Sören Kierkegaard

In jedes Menschen **Charakter** sitzt etwas, das sich brechen lässt: das Knochengebäude des Charakters.
Georg Christoph Lichtenberg

Eine schwache **Persönlichkeit** wird manchmal eine stärkere Persönlichkeit werden können als eine starke Persönlichkeit.
Christian Morgenstern

Das Charakteristische ist niemals **frei**, es ist geprägt, determiniert und gebunden.
Thomas Mann

Die Persönlichkeit ist das lebendige Feuer, worin immer wieder alle **Lebenswerte** jung geglüht werden.

Carl Hauptmann

Die **Briefe** eines klugen Mannes enthalten immer den Charakter der Leute, an die er schreibt.

Georg Christoph Lichtenberg

Wer einen **Fehler** gemacht hat und nicht korrigiert, der begeht einen zweiten.

Konfuzius

Eine **Sache** gewinnt oder verliert durch den Mann, der sich für sie einsetzt.

Gerhart Hauptmann

Die **Einsamkeit** macht uns härter gegen uns und sehnsüchtiger gegen die Menschen: in beiden verbessert sie den Charakter.

Friedrich Nietzsche

Alles, was mehr aus uns macht, ist **Gnade** für uns.

Rainer Maria Rilke

Man kann **schlauer** sein als ein anderer, aber nicht schlauer als alle anderen.

La Rochefoucauld

Ein Mensch ist umso bedeutender, je mehr alle **Dinge** für ihn bedeuten.

Otto Weininger

Gewohnheiten sind die **Fingerabdrücke** des Charakters.

Alfred Polgar

Faulheit ist ein Hang zur Ruhe ohne vorherige Arbeit.

Immanuel Kant

Charakter ist in der moralischen Welt, was in der physischen das **Knochengebäude**.

Karl Julius Weber

Es steigt der **Mut** mit der Gelegenheit.

William Shakespeare

Kräfte lassen sich nicht mitteilen, sondern nur wecken.

Georg Büchner

Willst du den Charakter eines Menschen erkennen, gib ihm **Macht**.

Abraham Lincoln

Ein Charakter ist ein vollkommen gebildeter **Wille**.

Novalis

Was du zu müssen glaubst, ist, was du willst.

Marie von Ebner-Eschenbach

Wenn wir fehlerfrei wären, würde es uns nicht so viel **Vergnügen** bereiten, sie an anderen festzustellen.

Horaz

Jedes Bild ist mehr oder weniger eine **Charakterstudie** dessen, der es malt.

Caspar David Friedrich

Die Grundlage der Persönlichkeit ist die **Entflammbarkeit** des Gemütes.

Eduard Spranger

Das **Betragen** ist ein Spiegel, in welchem jeder sein Bild sieht. Johann Wolfgang von Goethe

Gibt es keinen **Grund**, etwas zu tun, dann gibt es einen Grund, es nicht zu tun. Walter Scott

Wir sind verantwortliche menschliche Wesen, nicht blinde **Automaten**. Wir sind Persönlichkeiten, nicht **Puppen**. Martin Luther King

Der schlimmste **Weg**, den man wählen kann, ist der, keinen zu wählen. Friedrich II.

Wer die Menschen kennen lernen will, der studiere ihre **Entschuldigungsgründe**. Friedrich Hebbel

Es gibt keine **Spiegel**, in denen man sehen kann, was einem fehlt. Friedrich Hebbel

Mit **Adleraugen** sehen wir die Fehler anderer, mit **Maulwurfsaugen** unsere eigenen. Franz von Sales

In der **Beschränkung** zeigt sich erst der Meister.

Johann Wolfgang von Goethe

Nur **Betrug** entehrt, der Irrtum nie.

Georg Christoph Lichtenberg

Woran du selbst schuldig bist, das schiebe nicht auf die **Verhältnisse**.

Cato

Auch was wir am meisten sind, sind wir nicht immer.

Marie von Ebner-Eschenbach

Ich habe durch mein ganzes Leben gefunden, dass sich der Charakter eines Menschen aus nichts so sicher erkennen lässt als aus einem **Scherz**, den er übel nimmt. Jeder Mensch, wenn er nicht vorzeitig abgerufen wird, hat mit allen anderen Menschen ein Schicksal gemeinsam: Er muss sich den Verwandlungen unterwerfen, die sich aus der Folge der Lebensalter ergeben.

Eduard Spranger

Der geringste Mensch kann komplett sein, wenn er sich innerhalb der **Grenzen** seiner Fähigkeiten und Fertigkeiten bewegt. Johann Wolfgang von Goethe

Es ist **heilsam**, über dasjenige nachzudenken, was uns zwingt, aus uns selber herauszugehen. Simone Weil

Gutsein ist ein weit gewaltigeres und kühneres **Abenteuer** als eine Weltumseglung. Gilbert Keith Chesterton

Wollen wir uns finden, so dürfen wir nicht in unser **Inneres** hinabsteigen: draußen sind wir zu finden, draußen. Hugo von Hofmannsthal

Selbsterkenntnis ist fast niemals der erste Schritt zur Besserung, aber oft genug der letzte zur **Selbstbespiegelung**. Arthur Schnitzler

Was wir selbst sind, scheinen wir am besten **wissen** zu können, und wissen es nie. Karl Jaspers

Niemand ist ganz und gar sich selbst **ähnlich**.

Kurt Tucholsky

Kleine Seelen glauben, vor **Gefahren** warnen zu müssen, die große ersehnen.

Richard von Schaukal

Das **Tiefe** ist außen. Das Innen ist nur ein Weg dorthin.

Heimito von Doderer

Mittleren Menschen mag man den **Mut** loben; Edlen die **Besonnenheit**.

Walther Rathenau

Vom **Fleißigen** ist immer viel zu lernen, doch zu beseligen vermag nur Größe.

Christian Morgenstern

Die Menge sieht nur die Fläche, auf der sich die **Widersprüche** zeichnen. Aber diese sprechen für eine Tiefe, in der ihr Treffpunkt liegt.

Karl Kraus

Wenn man etwas als ein Gut erkennt, muss man es ergreifen wollen. Sich seiner enthalten, ist **Feigheit**.

Simone Weil

Jeder Mensch hat die Keime aller menschlichen **Eigenschaften** in sich. Manchmal kommen die einen zum Vorschein, manchmal die anderen. Leo Tolstoi

Nur der größte **Weise** und der größte **Tor** können sich ändern. Konfuzius

Der Charakter ist eine psychische **Gewohnheit**.

Johann Wolfgang von Goethe

Jeder ist ein **Mond** und hat eine dunkle Seite, die er niemandem zeigt. Mark Twain

Jedenfalls ist es besser, ein eckiges Etwas zu sein als ein rundes **Nichts**. Friedrich Hebbel

Unter den Menschen und **Borsdorfer Äpfeln** sind nicht die glatten die Besten, sondern die rauen mit einigen Warzen.
Jean Paul

Ich bin kein ausgeklügeltes Buch; ich bin ein Mensch mit seinem **Widerspruch**.
Conrad Ferdinand Meyer

Ein neues **Lebensalter**, eine neue Lebenslage – und derselbe Mensch wird ein ganz anderer.
Alexander Solschenizyn

Stärke des Charakters ist oft nichts anderes als eine **Schwäche** des Gefühls.
Arthur Schnitzler

Recht hat jeder eigene Charakter, der übereinstimmt mit sich selbst. Es gibt kein andres Unrecht als den **Widerspruch**.
Friedrich Schiller

Der Charakter ist ein **Instinkt**. Er hängt noch mehr von der Natur ab als der Geist, und doch geben die Umstände allein dem Menschen Gelegenheit, ihn zu entwickeln.
Germaine Baronin von Staël

Man ist manchmal von sich selbst so verschieden wie von andern. La Rochefoucauld

In jedermann ist etwas **Kostbares**, das in keinem anderen ist. Martin Buber

Jeder außerordentliche **Vorzug** isoliert. Carl Hilty

Es kommt für jeden der Augenblick der Wahl und der **Entscheidung**: ob er sein eigenes Leben führen will, ein höchst persönliches Leben in tiefster Fülle, oder ob er sich zu jenem falschen, seichten, erniedrigenden Dasein entschließen soll, das die Heuchelei der Welt von ihm begehrt. Oscar Wilde

Ein wirklich großes **Talent** ist nicht irrezuleiten und nicht zu verderben. Johann Wolfgang von Goethe

Gleich dem Besitzer eines Terrains, der nichts von den darin schlummernden Bodenschätzen ahnt, bleiben auch dem Menschen seine geheimen **Qualitäten** meist unbekannt. Jonathan Swift

Wenn man es genau betrachtet, so wird jede, auch nur die geringste **Fähigkeit**, uns angeboren.

Johann Wolfgang von Goethe

Das ist eine Frage der **Sauberkeit**: Man soll die Meinung wechseln wie das Hemd.

Jules Renard

Um eine große **Persönlichkeit** zu empfinden und zu ehren, muss man auch wiederum selber etwas sein. Alle, die dem Euripides das Erhabene abgesprochen, waren arme Heringe und einer solchen Erhebung nicht fähig. Oder sie waren unverschämte Scharlatane.

Johann Wolfgang von Goethe

Den guten **Steuermann** lernt man erst im Sturme kennen.

Seneca

Auf die **Bildung** haben Zucht und Übung einen bedeutenden Einfluss.

Samuel Smiles

Der Charakter ist weiter nichts als eine langwierige **Gewohnheit**.

Plutarch

Über nichts wird flüchtiger geurteilt als über die **Charaktere** der Menschen, und doch sollte man in nichts behutsamer sein. Georg Christoph Lichtenberg

Mögen wir noch so viele gute **Eigenschaften** haben – die Welt achtet vor allem auf unsere schlechten.
Jean Baptiste Molière

Die großen Seelen sind wie hohe **Berggipfel**. Der Wind peitscht sie, die Wolken hüllen sie ein, aber man atmet leichter und kräftiger auf ihnen als anderswo.
Romain Rolland

Was als Persönlichkeit wirkt, ist das Leuchten aller **Möglichkeiten** hinter seinen wirklichen und zufälligen Lebensäußerungen. Arthur Schnitzler

Größe besitzt, wer uns nie an andere erinnert.
Ralph Waldo Emerson

Charakterschwäche und geistige Leere, mit einem Wort alles, was uns hindert, mit uns selbst allein zu sein, bewahrt viele Menschen vor dem Menschenhass.

Nicolas Chamfort

Dein **Schicksal** ist der Nachklang, das Resultat deines Charakters.

Johann Gottfried Herder

Kleine Geister handeln, große wirken.

Karl Heinrich Waggerl

Das Hauptmerkmal eines Charakters ist, wie er sich zur **Feindseligkeit** verhält.

Leo N. Tolstoi

Was ist groß? **Schicksalsschläge** froh ertragen.

Seneca

Einen wirklich großen Mann erkennt man an drei Dingen: **Großzügigkeit** im Entwurf, **Menschlichkeit** in der Ausführung und **Mäßigkeit** beim Erfolg.

Otto von Bismarck

Ein wahrhaft großer Mann wird weder einen **Wurm** zertreten noch vor dem **Kaiser** kriechen.

Benjamin Franklin

Von Natur besitzen wir keinen Fehler, der nicht zur **Tugend**, keine Tugend, die nicht zum Fehler werden könnte.

Johann Wolfgang von Goethe

Arbeit ist einer der besten Erzieher des Charakters.

Samuel Smiles

Das, was wir ein böses **Gewissen** nennen, ist immer ein gutes Gewissen. Es ist das Gute, was sich in uns erhebt und uns bei uns selber verklagt.

Theodor Fontane

Was als Persönlichkeit auf uns wirkt, das ist gleichsam ein dunkles Gewölk von **Möglichkeiten**, das sich um eine Stirn so mächtig ballt, als könnte in jedem Augenblick ein flammender Blitz von Wirklichkeit daraus niederfahren, um zu leuchten oder um zu vernichten.

Arthur Schopenhauer

Dem **Reinen** ist alles rein. Johann Wolfgang von Goethe

Der Charakter ist die sittliche **Ordnung** durch das Medium der individuellen Natur gesehen. Samuel Smiles

Jede Beschäftigung mit geistigen Dingen trägt bei zur Ausbildung der Persönlichkeit, aber vor allem gilt das von der Beschäftigung mit metaphysischen Dingen, mit metaphysischen Fragen. Hier liegt die Wurzel der Persönlichkeitsbildung, und hier liegen in Wahrheit die unerschütterlichen **Fundamente** der Persönlichkeit.

Konrad Adenauer

Denn der Charakter ist schlechthin inkorrigibel: weil alle **Handlungen** des Menschen aus einem inneren Prinzip fließen, vermöge dessen er unter gleichen Umständen stets das Gleiche tun muss und nicht anders kann. Arthur Schopenhauer

Man nimmt in der Welt jeden, wofür er sich gibt; aber er muss sich auch für etwas geben. Man erträgt die **Unbequemen** lieber, als man die **Unbedeutenden** duldet.

Johann Wolfgang von Goethe

Wenn es heißt, ein Mensch sei **unbestechlich**, so frage ich mich unwillkürlich, ob man ihm genug geboten hat. Joseph Fouché

Aufrichtigkeit ist wahrscheinlich die verwegenste Form der Tapferkeit. William Somerset Maugham

Wer will, dass ihm die anderen sagen, was sie **wissen**, der muss ihnen sagen, was er selbst weiß.

Niccoló Machiavelli

Es ist leichter, ein **Held** zu sein als ein **Ehrenmann**. Ein Held muss man nur einmal sein, ein Ehrenmann immer. Luigi Pirandello

Gib endlich deiner **Persönlichkeit** ein dauerhaftes Gepräge, das du bewahrst, ob du nun für dich allein oder mit anderen zusammen bist. Epiktet

Charakter ist der Inbegriff des bewussten und unbewussten Willens. Walter Rathenau

Am allerwenigsten muss man an den Charakteren herumbasteln wollen; es führt zu gar nichts, außer zu **Verstimmung** und **Ärgernis**. Theodor Fontane

Wir handeln, wie wir müssen. So lasst uns das **Notwendige** mit Würde, mit festem Schritt tun.

Friedrich Schiller

Der Charakter ist das **Schicksal** des Menschen.

Heraklit

Der Charakter ist die Quelle des Lebens, aus der die einzelnen **Handlungen** strömen. Er ist aus der äußeren Erscheinung erkennbar. Zenon

Gewöhnlich umwickelt sich der Charakter eines jeden Menschen mit einer Menge von **Hüllen** und Schleiern, die ihn etwas ganz anderes scheinen machen, als er ist. Stirn, Augen und Miene lügen öfters, die Zunge fast immer. Cicero

Für mich gibt es nur ein Mittel, um die **Achtung** vor mir selbst nicht einzubüßen: fortwährende **Kritik**.

Christian Morgenstern

Die Persönlichkeit ist das ewige **Wunder**, denn nur sie ist das Unberechenbare, und dennoch ist es ihr Wesen, dass ihr Auftreten, wie und wann immer es erfolgt, als ein absolut notwendiges, ja längst erwartetes wirkt.

Arthur Schnitzler

Männer von hoher **Bedeutung** können überhaupt nie ersetzt werden, denn die Bedingungen müssten sich wiederholen, aus denen ihre individuelle Stellung erwachsen ist.

Leopold von Ranke

Alle Charaktere sind aus denselben Elementen zusammengesetzt; nur die **Proportionen** machen den Unterschied aus.

Théodore Jouffroy

Charakter im Großen und Kleinen ist, dass der Mensch demjenigen eine stete Folge gibt, dessen er sich fähig fühlt.

Johann Wolfgang von Goethe

Das Entscheidende bleibt doch immer der Charakter, nicht der eitle, wohl aber der gute und ehrliche **Glaube** an uns selbst.
Theodor Fontane

Das **Schicksal** hat keinen Einfluss auf unseren Charakter, im Gegenteil: Der Charakter bestimmt das Schicksal und modelt es um.
Michel de Montaigne

Denn der **Weg** zu einem guten Charakter ist niemals zu spät.
Seneca

Der **Uniform** sind wir durchaus abgeneigt, sie verdeckt den Charakter.
Johann Wolfgang von Goethe

Die Änderung, die unser **Naturell** im Laufe des Lebens erfährt, sieht manchmal aus wie eine Änderung unseres Charakters.
Marie von Ebner-Eschenbach

Die Hauptbestandteile eines guten Charakters sind **Treue** und **Mitleid**.
Carl Hilty

Die **Miene** zeigt den Charakter an. Cicero

Die Stärke des **Gehirns** macht eigensinnige, die Stärke des Geistes feste Charaktere. Joseph Joubert

Die unerfreulichen Charaktere, davon die Welt voll ist, nicht ertragen zu können, zeugt von schwacher **Wesensart**: Im Verkehr muss es Scheidemünze und Goldstücke geben. Jean de La Bruyère

Dies bringt die **Vollkommenheit** des Charakters mit sich, jeden Tag, als ob er der letzte wäre, zu durchleben und weder sich aufzuregen noch abgestumpft zu sein, noch zu heucheln. Mark Aurel

Durch den eigenen Charakter bestimmt sich jedem das **Schicksal**. Cicero

Ehe der Körper eines großen Mannes **Asche** ist, kann man selten mit einiger Richtigkeit über seinen Charakter urteilen. Johann Gottfried Seume

Ein geistreicher Mann ist verloren, wenn er nicht auch ein Mann von energischem Charakter ist. Hat man die **Laterne** des Diogenes, so muss man auch des Diogenes **Stock** haben. Nicolas Chamfort

Ein Mensch zeigt nicht eher seinen Charakter, als wenn er von einem großen Menschen oder von irgend etwas Außerordentlichem spricht. Es ist der rechte **Probierstein** aufs **Kupfer**. Johann Wolfgang von Goethe

Ein sogenannter Charakter ist eine sehr einfache, mechanische Vorrichtung; er besitzt nur eine Betrachtungsweise für die so äußerst verwickelten Umstände des Lebens; er hat sich entschieden, sein Leben lang von einer bestimmten Sache ein und dieselbe Meinung zu haben; und um sich nicht der **Charakterlosigkeit** schuldig zu machen, ändert er seine Meinung nie, wie einfältig und unvernünftig sie auch ist.

August Strindberg

Ein **Talent** bildet sich im Stillen, doch ein Charakter nur im Strome der Welt. Heinrich von Kleist

Einen festen Charakter erwerben heißt, viele und gründliche **Erfahrungen** über die Unzulänglichkeiten und Verhältnisse des Lebens gewinnen. Danach beharrt man entweder bei seinem Begehren oder man erstrebt überhaupt nichts mehr. Stendhal

Es gibt Männer mit einem Charakter wie eine ausgehöhlte **Kastanienschale**. Honoré de Balzac

Gerade in **Kleinigkeiten**, als bei welchem der Mensch sich nicht zusammennimmt, zeigt er seinen Charakter.
Arthur Schopenhauer

Glück und Unglück hängen nicht nur vom **Schicksal**, sondern ebenso sehr vom Charakter ab.
La Rochefoucauld

Heucheln: dem Charakter ein sauberes Hemd überziehen. Ambrose Bierce

Ich bleibe dabei, dass der Charakter einer Frau sich zeigt, nicht wo die **Liebe** beginnt, sondern wo sie endet.

Rosa Luxemburg

Ich will lieber geschäftlich als charakterlich **versagen**.

Heinrich Heine

Je reicher einer ist, desto leichter ist es für ihn, ein **Lump** zu sein.

Gilbert Keith Chesterton

Jeder Charakter, so eigentümlich er sein möge, und jedes Darzustellende, vom Stein herauf bis zum Menschen, hat **Allgemeinheit**; denn alles wiederholt sich, und es gibt kein Ding in der Welt, das nur einmal da wäre.

Johann Wolfgang von Goethe

Wenn du **gut** sein willst, dann nimm zuerst an, dass du **schlecht** bist.

Epiktet

Stetes **Pflichtbewusstsein** ist die Krone des Charakters.

Samuel Smiles

Kein Charakter ist so, dass er sich selbst überlassen bleiben und sich ganz und gar gehen lassen dürfte; sondern jeder bedarf der **Lenkung** durch Begriffe und Maximen.

Arthur Schopenhauer

Kein **Talent**, doch ein Charakter!

Heinrich Heine

Macht in Amt und Würde, Größe und Ansehen durch Geburt, ja selbst die glänzendsten Begabungen und Talente sind nichts und verschwinden gegen das einzig Große, was der Mensch zu erreichen vermag: die **Rechtschaffenheit** und Schönheit des Charakters.

Adalbert Stifter

Man muss verstehen, die **Dummheiten** zu begehen, die unser Charakter von uns abverlangt.

Nicolas Chamfort

Der **Gentleman** ist ein Mann der Wahrheit, Herr über sein eigenes Handeln und fähig, dieses Herrentum in seinem Benehmen zum Ausdruck zu bringen. Er macht sich in keiner Weise abhängig und ist weder Person noch Meinungen noch dem Reichtum dienstbar.

Ralph Waldo Emerson

Mancher Charakter ist lange nicht zu verstehen, aber da braucht der Mensch nur einmal aus seinem ganzen **Herzen** zu lachen, und sein Charakter liegt offen vor einem wie auf der Handfläche.

F. M. Dostojewski

Man zerstört seinen eigenen Charakter aus **Furcht**, die Blicke und die Aufmerksamkeit der Menschen auf sich zu ziehen, und man stürzt sich in das Nichts der Belanglosigkeit, um der Gefahr zu entgehen, besondere Kennzeichen zu haben. Nicolas Chamfort

Mancher wird seiner Talente wegen gefürchtet, seiner Verdienste wegen gehasst. Erst sein Charakter beruhigt die Menschen. Doch wie viel Zeit ist vergangen, bis ihm **Gerechtigkeit** widerfuhr. Nicolas Chamfort

Der Mensch wirkt alles, was er vermag, auf den Menschen durch seine **Persönlichkeit**.

Johann Wolfgang von Goethe

Obgleich das Genie stets Bewunderung hervorruft, wird doch dem Charakter die meiste **Ehrfurcht** gezollt.

Samuel Smiles

Gute **Manieren** bestehen aus lauter kleinen Opfern.

Ralph Waldo Emerson

Recht hat jeder eigene **Charakter**, der übereinstimmt mit sich selbst.

Friedrich Schiller

Sei darauf bedacht, niemals über dich, für dich noch gegen dich zu sprechen; lass deinen **Charakter** für dich sprechen: Was immer der sagt, wird man glauben.

Philipp Stanhope Earl of Chesterfield

Sei, was du bist, immer ganz und immer derselbe.

Adolph Freiherr von Knigge

Wer der Meinung ist, dass man für **Geld** alles haben kann, gerät leicht in den Verdacht, dass er für Geld alles zu tun bereit ist. Benjamin Franklin

Unreine **Lebensverhältnisse** soll man niemandem wünschen; sie sind aber für den, der zufällig hineingerät, Prüfsteine des Charakters und des Entschiedensten, was der Mensch vermag. Johann Wolfgang von Goethe

Persönlichkeiten werden nicht durch schöne Reden geformt, sondern durch **Arbeit** und eigene **Leistung**.

Albert Einstein

Unser Charakter wird noch mehr durch den Mangel gewisser **Erlebnisse** als durch das, was man erlebt, bestimmt. Friedrich Nietzsche

Unser guter Charakter, der so gern für mitfühlend gilt, schweigt oft schon, wenn uns nur der kleinste **Vorteil** winkt. La Rochefoucauld

Vielleicht verdirbt **Geld** den Charakter. Auf keinen Fall aber macht Mangel an Geld ihn besser. John Steinbeck

Völker wie Personen verkörpern in ihren **Wohnräumen** ihren Charakter. Peter Rosegger

Zum Handeln gehört wesentlich Charakter, und ein Mensch von Charakter ist ein anständiger Mensch, der als solcher bestimmte **Ziele** vor Augen hat und diese mit Festigkeit verfolgt. Georg Friedrich Wilhelm Hegel

Von einigen weiß ich, dass sie ihren unwandelbaren **Charakter** nur wahren, um andere damit zu ärgern.
Karl Heinrich Waggerl

Das steht jedem am besten, was ihm am natürlichsten ist.
Cicero

Was man gemeinhin in der Welt einen Mann oder eine Frau von Charakter nennt, das sind die beiden abscheulichsten und gefährlichsten **Tiere**, die sie bewohnen.
Philipp Stanhope Earl of Chesterfield

Bescheidenheit ist das Gewissen des Körpers.

Honoré de Balzac

Wenn man einen Charakter **verderben** will, braucht man ihn nur verbessern zu wollen. Oscar Wilde

Wenn unser Charakter ausgebildet ist, fängt leider unsere **Kraft** an, zusehends abzunehmen. Oscar Wilde

Wie kann der Charakter, die **Eigentümlichkeit** des Menschen, mit der Lebensart bestehen? Das Eigentümliche müsste mit der Lebensart erst recht hervorgehoben werden. Johann Wolfgang von Goethe

Wir werden vom Schicksal hart oder weich geklopft; es kommt auf das **Material** an.

Marie von Ebner-Eschenbach

Wie kann man sich in dem Charakter eines Menschen beim ersten Besuch irren, in Sonderheit wenn er sich hinter der **Maske** des Umgangs versteckt.

Johann Gottfried Herder

Das Benehmen eines Menschen sollte wie seine **Kleidung** sein, nicht steif und peinlich akkurat, sondern frei genug, um sich zu bewegen und sich zu bestätigen.

Francis Bacon

Zustand und Charakter eines **Durchschnittsmenschen**: Niemals erwartet er Nutzen oder Schaden von sich selbst, sondern nur von den äußeren Umständen. Zustand und Charakter eines Philosophen: Er erwartet allen Nutzen und allen Schaden von sich selbst.

Epiktet

Ein **Talent** können wir nach einer einzigen Manifestation erkennen, für die Anerkennung des Charakters bedürfen wir aber eines langen Zeitraumes und beständiger Öffentlichkeit.

Heinrich Heine

Du musst jeden Tag deinen **Feldzug** gegen dich selbst führen.

Friedrich Nietzsche

Im Geschäftsleben ist keine **Geistesgabe** so erfolgreich wie eine gute, wenn auch geheime Meinung von sich selbst.

Lord Philipp Dormer Chesterfield

Charakterlosigkeit ist ein Mythos, den biedere Individuen geschaffen haben, um damit die Faszinationskraft anderer Leute erklären zu können. Oscar Wilde

Ein schönes **Benehmen** ist der Schmuck des Lebens, und jeder angenehme Ausdruck hilft wundervoll von der Stelle. Baltasar Gracián y Morales

Das Wertvollste im Leben ist die **Entfaltung** der Persönlichkeit und ihrer schöpferischen Kräfte.
Albert Einstein

Der Charakter eines Menschen ist der Quellgrund seines Schicksals. Jeder gestaltet durch seine Wesensart, seine Denk- und Tatrichtung sein **Glück** oder **Unglück**.
Heraklit

Sieh die Höhe, zu der aufsteigen muss die **Charakterstärke**, dann wirst du wissen, nicht durch gefahrloses Gelände führt ihr Weg. Seneca

Wenn wir unsere Pflicht auch oft nur aus Angst und Trägheit tun, wollen wir dies doch als **Charakterstärke** anerkannt sehen.

La Rochefoucauld

Der Charakter ist ein **Fels**, an welchem gestrandete Schiffe landen und anstürmende scheitern.

Immanuel Kant

Falsche **Bescheidenheit** ist Anmaßung.

Gotthold Ephraim Lessing

Charakter nennt man die Gebundenheit der **Ansichten**, durch Gewöhnung zum Instinkt geworden.

Friedrich Wilhelm Nietzsche

Schuld, Streit und Versöhnung

Durch ein **Unterlassen** kann man genauso schuldig werden wie durch **Handeln**.
Konrad Adenauer

Es ist ein großer Trost, frei von **Schuld** zu sein.
Cicero

Es gibt für den Menschen nur ein wahres **Unglück**: sich schuldig zu fühlen und sich etwas vorzuwerfen zu haben.
Jean de La Bruyère

Schuld verschandelt auch **Wohlgeborene**.
Horaz

Eine kleine Schuld macht dir einen Menschen zum **Schuldner**, eine große zum **Feind**.
Seneca

Wenn das **Reh** flieht, so ist es darum nicht schuldig.
Johann Wolfgang von Goethe

Es kann jemand einer bösen Tat schuldig werden, obwohl er keinen **Schaden** verursacht hat. Seneca

Nur dem Menschen gegenüber kann der **Mensch** schuldig sein. Voltaire

Alle **Schuld** rächt sich auf Erden!
Johann Wolfgang von Goethe

An einem **Glück** oder **Unglück** ist man nie schuld, aber am wiederkehrenden. Jean Paul

Ja, es liegt eine Schuld auf dem Menschen, etwas **Gutes** zu tun. Heinrich von Kleist

Man vergisst seine **Schuld**, wenn man sie einem anderen gebeichtet hat, aber gewöhnlich vergisst der andere sie nicht. Friedrich Nietzsche

Man ist nicht **schuldlos**, wenn man sich selbst schadet.
Joseph Joubert

Die meisten Menschen sind nur so lange gut, als sie andere für gut halten, sie wollen nicht geben, sie wollen nur eine **Schuldigkeit** abtragen. Friedrich Hebbel

Jeder Mensch ist für alle und alles schuldig, ganz abgesehen von seinen eigenen **Sünden**. F. M. Dostojewski

Lieber Gefahr laufen, einen **Schuldigen** freizusprechen als einen **Unschuldigen** verurteilen. Voltaire

Der Tag ohne **Streit** bringt ruhigen Schlaf in der Nacht.
Baltasar Gracián y Morales

Die Mühe des **Wortwechsels** überwiegt bei Weitem seine Nützlichkeit. Jeder Streit betäubt den Geist, und wenn man taub wird, bin ich stumm. Joseph Joubert

Streit entsteht nur dadurch, dass die Streitenden nicht zu den Voraussetzungen ihrer Schlüsse zurückkehren wollen. Leo N. Tolstoi

Die Göttin **Zwietracht** fordert stets das letzte Wort.

Aischylos

Die Streitigkeiten der Liebenden erneuert die **Liebe**.

Terenz

Beim Streit gibt es keine **Schonung**: Wer sich vom Gegner mit ganzer Kraft angegriffen fühlt, muss sich mit all seiner Kraft verteidigen, und so gewinnt der Geist an Genauigkeit und Schärfe. Jean-Jacques Rousseau

Gib der Streitenden nach; Nachgeben macht dich zum **Sieger**. Ovid

Wer seine **Gedanken** nicht auf Eis zu legen versteht, der soll sich nicht in die Hitze des Streites begeben.

Friedrich Nietzsche

Jeder solche Streit, wie belanglos er auch sein mag, bedeutet eine **Wunde** – der Liebe. Leo N. Tolstoi

Kein Streit würde lange währen, wenn sich nur eine Partei im **Unrecht** befände. In jedem Streit wird man von demjenigen glauben, dass er Unrecht hat, der den Zwist vorausgesagt hat. La Rochefoucauld

Erstritten ist besser als erbettelt.

Marie von Ebner-Eschenbach

Überall wo Zwist herrschen kann, da muss es auch eine **Entscheidung** geben. Dante Alighieri

Geduld mit der **Streitsucht** der Einfältigen! Es ist nicht leicht zu begreifen, dass man nicht begreift.

Marie von Ebner-Eschenbach

Sie glauben, miteinander zu streiten und fühlen das **Unrecht** von beiden Seiten. Johann Wolfgang von Goethe

Warum zanken wir dummen Menschen uns, warum sich von dem kurzen Leben auch nur eine **Minute** verderben? Franziska Gräfin zu Reventlow

Ich muss streiten, um **vergessen** zu können: Ich muss bekämpfen, um mich selbst wieder **achten** zu können.

Katherine Mansfield

Wer **streiten** will, muss sich hüten, bei dieser Gelegenheit Sachen zu sagen, die ihm niemand streitig macht.

Johann Wolfgang von Goethe

Ein Streit zwischen wahren **Freunden**, wahren Liebenden bedeutet gar nichts. Gefährlich sind nur Streitigkeiten zwischen Menschen, die einander nicht ganz verstehen.

Marie von Ebner-Eschenbach

Hass und **Zank** zu hegen oder zu erwidern ist Schwäche – sie zu übersehen und mit Liebe zurückzuzahlen ist Stärke.

Adalbert Stifter

Über **Geschmack** soll man nicht streiten.

Voltaire

Man streitet ja meistens nicht zu dem Zweck, die **Wahrheit** zu finden, sondern um sie zu verbergen.

Maxim Gorki

Wenn zwei sich streiten, ist der, der dem **Zornigen** nicht widerspricht, der weisere. Euripides

Diejenigen, welche widersprechen und streiten, sollten mitunter bedenken, dass nicht jede **Sprache** jedem verständlich ist. Johann Wolfgang von Goethe

Nicht jene, die streiten, sind zu fürchten, sondern jene, die **ausweichen**. Marie von Ebner-Eschenbach

Nur geistig **Verirrte** streiten. Oscar Wilde

Lass dich nur in keiner Zeit zum **Widerspruch** verleiten. Weise fallen in **Unwissenheit**, wenn sie mit Unwissenden streiten. Johann Wolfgang von Goethe

Jeder will **Ordnung** und **Glück**, trotzdem liegen sich alle in den Haaren. Thornton Wilder

Gegner glauben uns zu widerlegen, wenn sie ihre **Meinung** wiederholen und auf die unsrige nicht achten.

Johann Wolfgang von Goethe

Theorie und **Praxis** sind eins, wie Seele und Leib liegen sie großenteils miteinander im Streit.

Marie von Ebner-Eschenbach

Nichts ist nämlich lobenswerter, nichts eines großen und ausgezeichneten Mannes würdiger als **Versöhnung** und Milde.

Cicero

Ist **Frieden** stiften Hass, **Versöhnen** ein Geschäft der Hölle?

Friedrich Schiller

Große Talente sind das schönste **Versöhnungsmittel.**

Johann Wolfgang von Goethe

Wir stimmen den anderen nur zu, wenn wir eine **Gemeinsamkeit** zwischen ihnen und uns empfinden.

Jean de La Bruyère

Frieden erhalten ist besser als Frieden schließen.

Martin Luther

Aussöhnung mit unseren Feinden ist nur der Wunsch, unsere Lage zu verbessern, sowie Kriegsmüdigkeit und die Befürchtung schlimmer Folgen. La Rochefoucauld

Denn entgegengesetzte Eigenschaften machen eine innige **Verbindung** möglich. Johann Wolfgang von Goethe

Wenn man mit sich selbst **einig** ist, ist man es auch mit andern. Johann Wolfgang von Goethe

Frieden kannst du nur haben, wenn du ihn gibst.

Marie von Ebner-Eschenbach

Gut auseinandersetzen hilft zum guten **Zusammensitzen**. Emil Gött

Alles, was an einem Gemeinsamen Anteil hat, strebt zum **Verwandten**. Mark Aurel

Wer leicht sich mit der Welt **entzweit**, versöhnt sich auch leichter mit ihr.
Friedrich Hölderlin

Friede ist das höchste materielle Glück der menschlichen Gesellschaft.
Leo N. Tolstoi

Versöhnt man sich, so bleibt doch etwas hängen.
Johann Wolfgang von Goethe

Jeder wandle für sich und wisse nichts von dem andern;
Wandeln nur beide gerad', finden sich beide gewiss.
Johann Wolfgang von Goethe

Meide alles, was die Menschen trennt, und tu alles, was sie eint.
Leo N. Tolstoi

Der **Tod** versöhnt alles.
Franziska Gräfin zu Reventlow

Seid **einig**, einig, einig!
Friedrich Schiller

Liebe und Freundschaft

Die Liebe eng verbundener Freunde, wie wir es sind, ist ein **Wunder**. Eduard Mörike

Nicht mitzuhassen, mitzulieben bin ich da. Sophokles

Jeder geliebte Gegenstand ist der Mittelpunkt eines **Paradieses**. Novalis

Du fragst mich Kind, was Liebe ist? Ein **Stern** in einem Haufen **Mist**. Heinrich Heine

Wo Liebe zum Menschen vorhanden, da ist auch Liebe zur **Kunst** vorhanden. Hippokrates

Abhängigkeit ist der schönste Zustand – und wie wäre er möglich ohne Liebe. Johann Wolfgang von Goethe

Liebe ist die Fähigkeit, Ähnliches an Unähnlichem wahrzunehmen. Theodor W. Adorno

Was **Prügel** sind, weiß jeder; was **Liebe** ist, hat noch niemand herausgefunden. Heinrich Heine

Ich will geliebt sein oder ich will begriffen sein.
Das ist eins. Bettina von Arnim

Eigennützige Liebe ist ein **Widerspruch**. Jean Paul

Wir alle **benutzen** einander und nennen es Liebe.
Tennessee Williams

Jeder Liebende ist immer zugleich auch:
selber **liebenswert**. Hans Margolius

Verliebt, verdreht. Terenz

Es ist leichter, alle zu lieben als einen. Die Liebe zur ganzen Menschheit kostet gewöhnlich nichts anderes als eine **Phrase**; die Liebe zum Nächsten fordert **Opfer**.
Peter Rosegger

Die Liebe hat kein Maß der **Zeit**. Sie keimt und reift und blüht in einer schönen Stunde. Theodor Körner

Liebe verreist wohl einmal, aber sie wandert nicht aus. Properz

Was innerhalb des Zellenkomplexes **Ichgefühl** ist, das ist außerhalb der Liebe. Walther Rathenau

Die Liebe ist so unproblematisch wie ein **Fahrzeug**. Problematisch sind nur die Lenker, die Fahrgäste und die Straße. Franz Kafka

Liebe ist **Wohlgefallen** am geliebten Gegenstand; ein Ding lieben heißt, sich über seinen Besitz, seine Anmut und sein Wohlergehen freuen und sich grämen über seinen Verfall und seinen Verlust. Vauvenargues

Menschen, die einander lieb haben, verwachsen miteinander, indem sie miteinander leben. Und damit erst gewinnt ihre Liebe letzte **Stärke** und letzte Festigkeit. Hans Margolius

Jede **Liebe** wird von der folgenden besiegt. Ovid

Liebe ist das Einzige, was nicht weniger wird, wenn wir es **verschwenden**. Ricarda Huch

Gesetzen widersteht man; **Liebe** zwingt. Phaedrus

Die Liebe ist die einzige Leidenschaft, die mit einer **Münze** bezahlt wird, die sie selbst prägt. Stendhal

Es steht uns bevor die Zeit des **Erkennens** und der Grausamkeit. Nach ihr kommt die Zeit des Begreifens und der Liebe. Walther Rathenau

Liebe ist der Entschluss, das Ganze eines Menschen zu bejahen, die Einzelheiten mögen sein, wie sie wollen. Otto Flake

Die **Kraft** verleiht Gewalt, die Liebe leiht Macht. Marie von Ebner-Eschenbach

Auch der **Olymp** ist öde ohne Liebe. Heinrich von Kleist

Liebe ist ein privates **Weltereignis**. Alfred Polgar

Liebe zielt nach **Einheit**. Friedrich Schiller

Darum ist die Liebe diejenige **Leidenschaft**, in welcher unsere heftigsten Wünsche die größte Befriedigung finden. Stendhal

Verletzte **Liebe** hat ein Recht zu zürnen. Hieronymus

Die Liebe beruht auf einer starken **Übertreibung** des Unterschiedes zwischen einer Person und allen anderen. George Bernard Shaw

Die Liebe hält ihr **Fest**, wo zwei nur sind. Francis Bacon

Wenn ich hasse, so nehme ich mir etwas; wenn ich liebe, so werde ich um das **reicher**, was ich liebe.

Friedrich Schiller

Man sagt, jeder **Liebhaber** schwöre mehr zu vollbringen, als ihm möglich ist. William Shakespeare

Zärtlichkeit ist das Lied der Liebe. Hans Margolius

Vermag die **Liebe** alles zu dulden, so vermag sie noch viel mehr alles zu ersetzen. Johann Wolfgang von Goethe

Erst seit ich **liebe**, weiß ich, dass ich lebe.

Theodor Körner

Die **Liebe** herrscht nicht, aber sie bildet, und das ist mehr.

Johann Wolfgang von Goethe

Große **Seelen** macht die Liebe größer. Friedrich Schiller

Liebe – das heißt **Seele** werden wollen in einem anderen.
Friedrich Schleiermacher

Lieben heißt: in dem anderen sich selbst erobern.
Friedrich Hebbel

Verliebte laufen stets der Zeit voraus.
William Shakespeare

Die Liebe ist der Blick der **Seele**. Simone Weil

Liebe ist eine Art von **Kriegszustand**. Ovid

Wer über die **Liebe** nachdenkt, der liebt nicht mehr.
August von Kotzebue

Die **Liebe** entsteht plötzlich, ohne alle Überlegung aus Temperament oder Schwäche, ein schöner Zug fesselt uns, hält uns gefangen. Jean de La Bruyère

Individualität ist das, was mich von der Welt absondert, Liebe das, was mich mit ihr verbindet. Je stärker Individualität, desto stärker erfordert sie Liebe.

Walter Rathenau

Liebe ist das Einzige, was es zwischen Mann und Frau überhaupt nicht gibt.

Robert Musil

Liebe ist ein Auszug aus allen **Leidenschaften** auf einmal.

Jean Paul

Wer nicht **eifersüchtig** ist, liebt nicht.

Augustinus

Liebe ist: Erfüllung, Last und Medizin.

Kurt Tucholsky

Die größte Liebe ist immer die, die **unerfüllt** bleibt.

Peter Ustinov

Wo Liebe rechnet, ist sie **bettelarm**.

William Shakespeare

Der geliebte Mensch scheint dort zu stehen, wo sonst etwas fehlt. Robert Musil

Die Liebe wird nicht von der **Vernunft** regiert. Molière

Nichts ist so hart und ehern, dass es nicht durch die **Liebe** bezwungen werden könnte. Augustinus

Was wir aus Liebe tun, tun wir im höchsten Grade **freiwillig**. Thomas von Aquin

Liebe ist das Band, das den **Erdkreis** verbindet.
Johann Heinrich Pestalozzi

Die Liebe ist eine ewige **Wiederholung**. Novalis

Kein **Liebesgenuss** außer aus Gründen der Gesundheit oder der Nachkommenschaft. Benjamin Franklin

Man muss **uneigennützig** lieben.

Gotthold Ephraim Lessing

Nur durch die **Liebe** kann der Mensch von sich selbst befreit werden. Friedrich Hebbel

Wo man Liebe aussät, da wächst **Freude** empor.

William Shakespeare

Die **Liebe** ist frei. Sie wählt das Ärmste und Hilfsbedürftigste am liebsten. Novalis

Das irdische Leben ist Gefängnis, der Schlüssel zur **Freiheit** ist Liebe, sie führt aus dem irdischen Leben ins himmlische. Bettina von Arnim

Wenn wir **lieben**, erscheinen wir uns selbst ganz anders, als wir früher gewesen. Blaise Pascal

Was ist's nur, was die Menschen Liebe nennen? Ein **Fühlen**, Kind, gemischt aus Wonn' und Schmerz.

Euripides

Die Liebe ist der Kern, das Wesen aller **Gefühle**.

Friedrich Schlegel

Die Liebe besteht zu drei Vierteln aus **Neugier**.

Giacomo Casanova

Liebe ist eine Sache der **Empfindung**, nicht des Wollens, und ich kann nicht lieben, weil ich will, noch weniger aber, weil ich soll.

Immanuel Kant

Die wahre **Liebe** will nichts als lieben.

Christina von Schweden

Die Liebe ist das höchste, das unirdischste der **Gefühle**. Ein fremdes Ich dringt in das deine ein.

Iwan Turgenjew

Der **Liebesgenuss** hat noch niemals Nutzen gebracht; man muss zufrieden sein, wenn er keinen Schaden angerichtet hat.

Epikur

So wie wir selbst **beschaffen** sind, ist auch unsere Liebe beschaffen.

Christina von Schweden

Das ist das Eigentümliche an der Liebe, dass sie unaufhörlich **wachsen** muss, wenn sie nicht abnehmen soll.

André Gide

Die erste Tugend einer Liebenden ist **Pünktlichkeit**. Alles Übrige ist sekundärer Natur.

Henry de Montherlant

Liebe hat viele **Gesichter**.

Napoleon I.

Die Liebe beginnt damit, dass man sich selbst **betrügt**, und sie endet damit, dass man andere betrügt.

Oscar Wilde

Lieben ist eine **Tragödie** für Leute, die fühlen, und eine **Komödie** für Leute, die denken. Jean de La Bruyère

Die Liebe ist manchmal **Gott** und **Teufel** zugleich. Sie verkörperte, sie verkörpert die ganze Skala.
Henry Miller

Im **Herzen** steckte der Mensch, nicht im Kopf.
Arthur Schopenhauer

Man muss viel **Herz** haben, um ein bisschen lieben zu können. Henry de Montherlant

Liebe ist ein ganz willkürliches Ding, eine **Krankheit** der Seele, gegen die kein kluger Einwand etwas vermag.
George Sand

Denn liebend gibt der **Sterbliche** vom Besten.
Friedrich Hölderlin

Gleich dem Genie hat die Liebe ihre Eingebungen. Sie hat wie das wahre Leben eine Zeit des **Reifwerdens**, während sie sich selber genügt. Honoré de Balzac

Keiner von uns hat je genug **Liebe** gegeben, geschweige denn alle Liebe, deren er fähig ist. Henry Miller

Der **Sinnenrausch** ist zur Liebe, was der Schlaf zum Leben. Novalis

Liebe ist **Freude**, begleitet von der Vorstellung ihrer äußeren Ursache. Spinoza

Die Liebe bricht alle **Gewalt**. Ernst Wiechert

Der Mensch muss der **Leidenschaften** zugleich fähig und mächtig sein. Jean Paul

Darin liegt die **Erhabenheit** der Liebe, dass sie den persönlichen Zweck aufhebt. Walter Rathenau

Die Freundschaft und die Liebe sind zwei Pflanzen aus einer Wurzel. Die letztere hat nur einige **Blumen** mehr. Friedrich Gottlieb Klopstock

Die Liebe ist der Endzweck der Weltgeschichte – das Amen des **Universums**. Novalis

Liebe ist nicht das Höchste. Über der Liebe steht **Selbstvergessenheit**. Walther Rathenau

Lieben heißt, sich mit allen Dingen ins **Gleichgewicht** setzen wollen. Clemens Brentano

In der Liebe genießt man immer nur die **Illusion**, die man sich selber schafft. Stendhal

Die Liebe bewährt sich durch **Leiden**. Ludwig Feuerbach

Die Liebe ist ein flüssiges Element, sie löst Seele und Geist in sich auf, und das ist **Seligkeit**. Bettina von Arnim

Wenn die Liebe zu zählen aufhört, dann macht die ganze Welt **bankrott**. Ferdinand Raimund

Die Liebe ist der einzige Weg, auf dem selbst die **Dummen** zu einer gewissen Größe gelangen können.

Honoré de Balzac

Die Liebe ist das Licht und der **Trost** des Lebens.

Ralph Waldo Emerson

Darin besteht die Liebe: dass sich zwei **Einsame** beschützen und berühren und miteinander reden.

Rainer Maria Rilke

Muss die Liebe nicht mit jedem neuen Morgen über sich selber, als über ein **Wunder**, erstaunen und freudig zusammenschrecken? Eduard Mörike

Es gäbe wenig **Liebe** in der Welt, wenn sie nur dem geschenkt werden könnte, der sie verdient.

Karl Heinrich Waggerl

Liebe – sagt man schön und richtig – ist ein Ding, das äußerst wichtig. Nicht nur zieht man in Betracht, was man selber damit macht, nein, man ist in solchen Sachen auch gespannt, was andre machen.

Wilhelm Busch

Die Liebe ist wie die sogenannte **Milchstraße** am Himmel, eine strahlende Masse, geformt aus tausend kleinen Sternen, von denen der einzelne oft ein Nebelfleck ist.

Stendhal

Nur der ist **reich**, der geliebt wird und lieben darf.

Adalbert Stifter

Lieben heißt: in dem anderen sich selbst **erobern**.

Friedrich Hebbel

Das ist das Größte, was dem Menschen gegeben ist, dass es in seiner Macht steht, **grenzenlos** zu lieben.

Theodor Storm

Es ist leichter, **Liebe** zu finden, wenn man sie nicht hat, als sich von ihr zu lösen, wenn man sie hat.

La Rochefoucauld

Der **Blick** ist die Gewissheit der Liebe. Ludwig Feuerbach

Liebe ist **Erkenntnis**, und die ist Besitz.

Bettina von Arnim

Liebe ist die Antwort, aber während man auf die Antwort wartet, entstehen durch **Sex** einige hübsche Fragen.

Woody Allen

Die Summe unseres Lebens sind die **Stunden**, in denen wir liebten. Wilhelm Busch

Wo man nicht mehr **lieben** kann, da soll man vorübergehen. Friedrich Nietzsche

Liebe ist nur wie Liebe, sie ist mit nichts zu vergleichen. Oscar Wilde

Liebe lässt sich nicht widerlegen.

Richard von Schaukal

Keine Liebe ist größer als die, in der man seine **Schwächen** zeigen darf.

Ernst Wiechert

Liebe ist, wenn sie dir die **Krümel** aus dem Bett macht.

Kurt Tucholsky

Liebe ist nichts anderes als ein Boogie-Woogie der **Hormone**.

Henry Miller

Das größte **Glück** außer Lieben: seine Liebe gestehen.

André Gide

Liebe immer, wenn nicht jemand, so doch etwas.

Karl Heinrich Waggerl

Liebe ruft Liebe hervor: unendliches Wachstum.

Hans Margolius

Man fragt in der Liebe immer zuviel, und wenn man anfängt, die **Antworten** wirklich wissen zu wollen, ist sie bald vorbei.
Erich Maria Remarque

In der Liebe ist der zuerst **Geheilte** immer der bessere Geheilte.
La Rochefoucauld

Es gibt nur eine einzige Art von der Liebe, die wirklich zählt und das ist die **unerwiderte Liebe**. – Die bleibt für immer.
Woody Allen

Ach, es ist so groß, so unendlich, das Reich der Liebe, und doch umschließt es das menschliche **Herz**.
Bettina von Arnim

Alles bezwingt die **Liebe** und kämpft doch ohne Mord und Blut.
Erasmus von Rotterdam

Alles, was wir mit Wärme und **Enthusiasmus** ergreifen, ist eine Art von Liebe.
Wilhelm von Humboldt

Besser ist es, mit **Strenge** zu lieben, als mit Milde zu hintergehen.
Augustinus

Liebe besteht nicht darin, in den anderen hineinzustarren, sondern darin, gemeinsam nach vorn zu blicken.
Antoine de Saint-Exupéry

Die Liebe ist eine Krise, die **Abneigung** hinterlässt.
Cesare Pavese

Blinde Liebe ist **unvernünftig**.
Oswald von Wolkenstein

In der **Liebe** bezweifelt man oft, woran man am meisten glaubt.
La Rochefoucauld

In dem Augenblick, in dem die Liebe ihr Alles gibt, macht sie zugleich **bankrott**.
Friedrich Hebbel

Das **Mitleid** ist die letzte Weihe der Liebe, vielleicht die Liebe selbst.
Heinrich Heine

Wer in sich selbst verliebt ist, hat wenigstens bei seiner Liebe den Vorteil, dass er nicht viel **Nebenbuhler** erhalten wird. Georg Christoph Lichtenberg

Das Gemeinste aber ist, dass in der **Theorie** Liebe etwas Ideales und Erhabenes, in der **Praxis** aber etwas Niedriges und Schmutziges ist. Leo N. Tolstoi

Die Liebe ist ein Raub der Natur an der **Gesellschaft**.
Antoine Rivarol

Das **Schicksal** sorgt für Liebe, und umso gewisser, da Liebe genügsam ist. Johann Wolfgang von Goethe

Anfang und Ende einer **Liebe** kündigen sich dadurch an, dass man sich scheut, mit dem anderen allein zu sein.
Jean de La Bruyère

Lust und Liebe sind die Fittiche zu großen **Taten**.
Johann Wolfgang von Goethe

Dass man sich **zwingen** kann, beweist nicht, dass man liebt.
Johann Wolfgang von Goethe

Der beste Lehrmeister zu **Weisheit** und **Tugend** ist die Liebe.
Euripides

Die Erde wird durch Liebe frei, durch **Taten** wird sie groß.
Johann Wolfgang von Goethe

Die **Leidenschaft** flieht, die Liebe muss bleiben.
Friedrich Schiller

Der Hass ist **parteiisch**, aber die Liebe noch mehr.
Johann Wolfgang von Goethe

Es gibt kaum Menschen, die sich nicht ihrer **Liebe** schämen, wenn sie nicht mehr lieben.
La Rochefoucauld

Der Gegensatz von **Egoismus** und **Altruismus** ist in der Liebe restlos aufgehoben.
Thomas Mann

Die erste Regung des Willens und jeglicher Begehrungskraft ist: **Liebe**.
Thomas von Aquin

Willst du geliebt werden, so **liebe**!
Seneca

Die Frauen gehen in der Liebe weiter als die meisten Männer; aber die Männer sind größer in der **Freundschaft**.
Jean de La Bruyère

Die **Hoffnung** ist es, die die Liebe nährt.
Ovid

Man sollte die Liebe ernst nehmen, aber nicht **tragisch**.
André Maurois

Die erste Wirkung der Liebe besteht darin, uns eine große **Ehrfurcht** einzuflößen.
Blaise Pascal

Abhängigkeiten? Ja! Durch Liebe, aber nicht durch Furcht.
Gerhart Hauptmann

Ist in der Liebe selber eine **Reise** in gänzlich neues Leben, so wird der Wert der Fremde, der gemeinsam erfahrenen, durch sie verdoppelt. Ernst Bloch

Das Schlimmste in der Liebe ist, dass **Krieg** und **Frieden** ständig wechseln. Horaz

Die Liebe, der man in der oberen Gesellschaft begegnet, ist **Wettkampf**, ist Spiel. Stendhal

Die fürchtende **Liebe** sieht weit.

Gotthold Ephraim Lessing

Mit einer **Kindheit** voll Liebe aber kann man ein halbes Leben hindurch für die kalte Welt haushalten.

Jean Paul

Was ist die Jugend? Ein **Traum**.
Was ist Liebe? Der Inhalt des Traumes.

Sören Kierkegaard

Wenn es dir möglich ist, mit auch nur einem kleinen **Funken** die Liebe in der Welt zu bereichern, dann hast du nicht umsonst gelebt. Jack London

Alles wird man **satt**, des Schlafes sogar und der Liebe.

Homer

Die **Liebe** gleicht den epidemischen Krankheiten. Je mehr man sie fürchtet, desto mehr ist man ihnen ausgesetzt. Nicolas Chamfort

Die **Engel**, die nennen es Himmelsfreud, die **Teufel**, die nennen es Höllenleid, die Menschen, die nennen es – Liebe. Heinrich Heine

Es ist **langweilig** ohne eine starke Liebe.

Anton P. Tschechow

Gutes für die Menschen? Was heißt Gutes? Nur eins: Liebe.

Leo N. Tolstoi

Ich **liebe** sie, sie liebet mich,
Doch keiner sagt: Ich liebe dich. Ludwig Uhland

Im **Ausdrücken** von Liebe gehören wir zu den Entwicklungsländern. Saul Bellow

In der Liebe gilt die **Schönheit** mehr als das Ansehen.
Publilius Syrus

Die **Bewunderung** preist, die Liebe ist stumm.
Ludwig Börne

Liebe ist kein Ziel; sie ist nur ein **Reisen**.
D. H. Lawrence

Liebe und Hass sind nicht blind, aber geblendet vom **Feuer**, das sie selber mit sich tragen. Friedrich Nietzsche

Mit dem Liebsten kann man auch in der kleinsten **Hütte** glücklich sein. Leo N. Tolstoi

Doch eines ist, was nützt. Die Klarheit. Eins ist, was besteht: das Recht. Eins ist, was besänftigt: die **Liebe**.
Ludwig Börne

Wo keine Liebe ist, ist auch keine **Wahrheit**. Und nur der ist etwas, der etwas liebt. Nichts sein und nichts lieben, ist identisch. Ludwig Feuerbach

Was ist das Leben ohne **Liebesglanz**. Friedrich Schiller

Von **Liebe** sprechen heißt Liebe üben. Honoré de Balzac

Liebe hat viele **Gesichter**. Napoleon Bonaparte

Liebe zuerst bringt Lust, doch am Schluss nur **Schmerzen** dem Herzen. Ovid

Die allerstillste Liebe ist die Liebe zum **Guten**.

Marie von Ebner-Eschenbach

Liebe hat kein **Alter**. Blaise Pascal

Die Liebe ist eine ewige **Unbefriedigtheit**.

José Ortega y Gasset

Die Liebe ist stärker als der **Tod** und die Todesangst. Nur durch sie, nur durch die Liebe bleibt das Leben bestehen. Iwan Turgenjew

Die Liebe macht blind für den geliebten **Gegenstand**.

Plutarch

Die Liebe klammert sich an alle **Würzelchen**, welche helfen können. Gottfried Keller

Die Liebe kann, wie das **Feuer**, nicht ohne beständiges Anfachen bestehen, und sie stirbt, sobald sie zu hoffen oder zu fürchten aufhört. La Rochefoucauld

Wer der **Liebe** ganz entsagt, ist nicht weniger krank als der, der ihrer allzu sehr begehrt. Euripides

Bei den ersten **Liebschaften** lieben die Frauen den Geliebten; bei den späteren lieben sie die Liebe.

La Rochefoucauld

Die wahre **Liebe** würdigt ihren Gegenstand; aber das ist die wahre Liebe nicht, die nur das Würdige liebt.

Ludwig Börne

Ein **Geschenk** aus der Hand der Liebe, – da darf es der Bettler mit dem Fürsten aufnehmen.

August von Kotzebue

Man muss es gestehn: Die Liebe ist eine große **Lehrmeisterin**. Jean Baptiste Molière

Der Hass ist **parteiisch**, aber die Liebe ist es noch mehr.

Johann Wolfgang von Goethe

Mit der wahren Liebe ist es wie mit den **Gespenstererscheinungen**: alle Welt spricht von ihnen, aber wenige haben sie gesehen. La Rochefoucauld

Ein Tröpflein Liebe ist mehr wert als ein ganzer Sack voll **Gold**. Friedrich von Bodelschwingh

Wer nie im **Zorn** erglühte, kennt auch die Liebe nicht. Ernst Moritz Arndt

Heut ist mir alles **herrlich**, wenn's nur bliebe!
Ich sehe heute durchs Augenglas der Liebe.
Johann Wolfgang von Goethe

Alles kann man lieben, wenn man sich vorstellt, dass man es **verlieren** könnte. Gilbert Keith Chesterton

Ein **Schauspiel** für Götter, zwei Liebende zu sehen.

Johann Wolfgang von Goethe

Einer Liebe wäre ich vielleicht untreu geworden, aber nicht dem **Freund**, während er seine helfenden Arme über mich hält.

Franziska Gräfin zu Reventlow

Hat man die Liebe durchgeliebt, fängt man die **Freundschaft** an.

Heinrich Heine

Niemand ist uns ein näherer **Freund**, als wir uns selber sind.

Dante Alighieri

Der sichere Freund wird im **Unglück** erkannt.

Cicero

Ein wahrer **Freund** trägt mehr zu unserm Glück bei als tausend Feinde zu unserm Unglück.

Marie von Ebner-Eschenbach

Entfernung und lange **Abwesenheit** tun jeder Freundschaft Eintrag; so ungern man es gesteht. Denn Menschen, die wir nicht sehen, wären sie auch unsere geliebtesten Freunde, trocknen im Laufe der Jahre allmählich zu abstrakten Begriffen aus. Arthur Schopenhauer

Diejenigen, die um eines Nutzens willen **Freundschaft** geschlossen haben, lieben sich gegenseitig nicht an sich, sondern nur, insofern ihnen aus ihrem Verhältnis wechselseitig etwas Gutes erwächst. Aristoteles

Ein unbekannter **Freund** ist auch ein Freund.

Gotthold Ephraim Lessing

Ein leicht erwärmter Freund wird leicht **erkältet** sein.

Friedrich Rückert

Was man durch einen gleich gesinnten **Freund** erfährt, ist nahezu, als wenn man es selbst erfahren hätte.

Johann Wolfgang von Goethe

Es ist ein **Glück**, dass man gute Freunde hat, und dass der Verkehr mit ihnen dafür sorgt, dass einem ein bisschen was anfliegt. Theodor Fontane

Es ist sicher, dass der Charakter der Liebe und Freundschaft ganz verschieden ist: Letztere hat noch niemals einen Mann ins **Irrenhaus** gebracht. Montesquieu

Freunde erwählt man, nahe Verwandte kann man entfernen, aber Nachbarn bleiben Nachbarn.
Ephraim Kishon

Ein **Freund** ist ein Mensch, vor dem man laut denken kann. Ralph Waldo Emerson

Was dein **Feind** nicht wissen soll, das sage deinem Freunde nicht. Arthur Schopenhauer

Die Freunde nennen sich aufrichtig, **Feinde** sind es.
Arthur Schopenhauer

Das schönste **Freundschaftsverhältnis**: wenn jeder von beiden es sich zur Ehre rechnet, der Freund des andern zu sein.
Marie von Ebner-Eschenbach

Freundschaft ist die **Hochzeit** der Seele.
Voltaire

Freundin eines Mannes kann eine Frau nur werden, wenn sie zuerst seine Bekannte, dann seine **Geliebte** war.
Anton P. Tschechow

Ein wahrer **Freund** ist das Beste auf der Welt und wird doch so wenig gesucht.
La Rochefoucauld

Derart ist der **Weise** mit sich zufrieden, dass er nicht ohne Freund sein will, sondern kann.
Seneca

Die Liebe geht darauf aus, aus zweien eins zu machen, die **Freundschaft** darauf, aus jedem zwei zu machen.
Friedrich Schleiermacher

Die meisten Freundschaften sind so mit Wenn und Aber gespickt, dass sie auf bloße **Beziehungen** hinauslaufen, die dank stillschweigender Übereinkunft weiter bestehen. Nicolas Chamfort

Freundschaft – ein **Schiff**, groß genug, um bei gutem Wetter zwei Menschen, bei schlechtem aber nur einen zu tragen. Ambrose Bierce

Jede **Beziehung** der Freundschaft und Liebe braucht ihre Zeit, um zu reifen. Hans Margolius

Nichts lässt die Erde so geräumig erscheinen, als wenn man Freunde in der **Ferne** hat. Henry David Thoreau

Es ist schlimm, erst dann zu merken, dass man keine **Freunde** hat, wenn man Freunde nötig hat. Plutarch

Diene deinen **Freunden**, ohne zu rechnen.
Gottfried Keller

Es ist besser, man **betrügt** sich an seinen Freunden, als dass man seine Freunde betrüge.

Johann Wolfgang von Goethe

Es ist beschämender, seinen Freunden zu **misstrauen**, als von ihnen getäuscht zu werden. La Rochefoucauld

Ein wirklich guter und liebenswürdiger Mensch kann so viel **Freunde** haben, als er will, aber nicht diejenigen, die er will. Marie von Ebner-Eschenbach

Gewöhnlich verschließen wir Freunden unsere **Seele**, nicht weil wir ihnen, sondern weil wir uns misstrauen.

La Rochefoucauld

Freundschaft und Liebe haben vielerlei Quellen und gehen vielerlei Wege. Aber in jeder Freundschaft, in jeder Liebe ist doch ein alles durchdringendes Gefühl lebendig, ein Gefühl der Freude am **Dasein** eines anderen neben uns. Hans Margolius

Jede **Freundschaft** ist um ihrer selbst willen zu wählen. Ihren Anfang jedoch nimmt sie beim Nutzen.

Epikur

Es gibt keinen größeren **Schmeichler** als den Menschen beim Umgang mit sich selbst. Und es gibt kein besseres Heilmittel für Schmeichelei als die Aufrichtigkeit eines Freundes.

Francis Bacon

Kleine **Freunde** können sich als große erweisen.

Äsop

Man darf sich die nicht zum Feind machen, die bei näherer **Bekanntschaft** unsere Freunde werden könnten.

Jean de La Bruyère

Freundschaft ist ein lebenswichtiges Gut; denn ohne Freundschaft würde sich niemand für das Leben entscheiden.

Aristoteles

Den Freund muss die **Seele** besitzen: Sie aber ist niemals abwesend; wen immer sie will, sieht sie täglich.

Seneca

Unter Freunden bedarf es keiner **Gerechtigkeit**, wohl aber unter gerechten Menschen der Freundschaft; und der höchste Grad der Gerechtigkeit scheint sich mit der Freundschaft zu berühren. Aristoteles

Hat man einen verkommenen **Freund**, so muss man, wenn man engen Umgang mit ihm pflegt, ebenso verkommen, auch wenn man selbst unverdorben ist.

Epiktet

Wir haben drei Sorten von Freunden: **Freunde**, die uns lieben, Freunde, die sich nicht um uns kümmern, und Freunde, die uns hassen. Nicolas Chamfort

Freundschaften sind von **Dauer**, wenn jeder der beiden Freunde annimmt, er habe ein leichtes Übergewicht über den andern. Honoré de Balzac

Eine vollkommene Freundschaft gibt es nur zwischen guten und an **Rechtschaffenheit** sich gleichstehenden Menschen. Aristoteles

Man kommt in der Freundschaft nicht weit, wenn man nicht bereit ist, kleine **Fehler** zu verzeihen.

Jean de La Bruyère

Man erwirbt keine **Freunde**, man erkennt sie.

Wilhelm Busch

Es ist ganz natürlich, dass wir Leute um uns versammeln, deren **Verhaltensweisen** mit den unseren übereinstimmen. Mark Twain

Viele Freundschaften sind nichts als degenerierte **Gleichgültigkeit**. Alfred Polgar

Es ist nicht schwer, sich mit Menschen zu verstehen, die eines Sinnes mit uns sind. Die große Aufgabe, die uns gestellt ist, ist: **Frieden** und Freundschaft zu halten mit denen, die anders denken als wir. Hans Margolius

Das erste Gesetz der **Freundschaft** lautet, dass sie gepflegt werden muss. Das zweite lautet: Sei nachsichtig, wenn das erste verletzt wurde. Voltaire

Auf der höchsten Stufe der **Freundschaft** offenbaren wir dem Freund nicht unsere Fehler, sondern seine.

La Rochefoucauld

Einen **Freund** kann man nur haben, wenn man einer ist. Ralph Waldo Emerson

Freundschaften, die wir selbst geknüpft haben, sind gewöhnlich wertvoller als die, welche aus nachbarlichen oder verwandtschaftlichen **Beziehungen** hervorgehen.

Michel de Montaigne

Geleimte Freundschaften müssen vorsichtiger behandelt werden als nie **zerbrochene**. La Rochefoucauld

Gut ist immer redliche **Warnung** des Freundes.
Homer

Ohne Freundschaft gibt es kein **Leben**. Cicero

So selten wahre Liebe ist, wahre **Freundschaft** ist noch viel seltener. La Rochefoucauld

Ehe und Familie

Die Ehe muss unablässig ein Ungeheuer bekämpfen, das alles verschlingt: die **Gewohnheit**. Honoré de Balzac

Jedes brave eheliche **Verhältnis** endet mit Freundschaft.
Marie von Ebner-Eschenbach

Ehen werden im **Himmel** geschlossen, aber dass sie gut geraten, darauf wird dort nicht gesehen.
Marie von Ebner-Eschenbach

Mit den Ehen ist es wie mit den **Vogelbauern**: die Vögel, die nicht darin sind, wollen mit aller Gewalt hinein, und die, welche darin sind, wieder hinaus.
Michel de Montaigne

Die Schmerzen der unerhörten Liebe und die Schmerzen der **Ehescheidung** erinnern an die Zähne, welche wehe tun, wenn sie kommen, und wehe, wenn sie ausgezogen werden. Jean Paul

Im **Ehestand** muss man manchmal streiten, denn so erfährt man was voneinander.

Johann Wolfgang von Goethe

An der **Braut**, die der Mann sich erwählt, lässt gleich sich erkennen, welchen Geistes er ist.

Johann Wolfgang von Goethe

Eine stille, ernsthafte **Frau** ist übel daran mit einem lustigen Mann, ein ernsthafter **Mann** nicht so mit einer lustigen Frau.

Johann Wolfgang von Goethe

Man kann anderen Leuten erklären, warum man seinen Mann **geheiratet** hat, aber sich selbst kann man sich das nicht erklären.

George Sand

Menschen, die wir gern haben, werden uns zuweilen nur lieber noch: durch ihre kleinen **Schwächen** und gelegentlichen Fehler.

Hans Margolius

Falsche Liebe fürchtet die **Ehe**, echte sucht sie.

Peter Rosegger

Die Jugend und die schöne Liebe, alles hat sein **Ende**, und es kommt eine Zeit, wo man Gott dankt, wenn man irgendwo unterkriechen kann.

Johann Wolfgang von Goethe

Der Ring macht **Ehen**, und Ringe sind's, die eine Kette machen.

Friedrich Schiller

Jeder, der heiratet, ist wie der **Doge**, der sich mit dem adriatischen Meer vermählt. Er weiß nicht, was drin ist, was er heiratet: Schätze, Perlen, Ungetüme, unbekannte Stürme.

Heinrich Heine

Die zweite Ehe ist der Triumph der **Hoffnung** über die **Erfahrung**.

Samuel Johnson

In der Familie ist der Mann der **Bürger** und die Frau der **Proletarier**.

Friedrich Engels

Die Ehe ist und bleibt die wichtigste **Entdeckungsreise**, die der Mensch unternehmen kann.

Sören Kierkegaard

Die Ehe ist eine polizeilich anerkannte **Freundschaft**.

Robert Louis Stevenson

Gleichberechtigung zwischen Mann und Frau ist nur möglich, wenn die Frau sich unterordnet. Martial

Die hauptsächlichste Gefahr der Ehe liegt darin, dass man **selbstlos** wird. Selbstlose Leute sind farblos.

Oscar Wilde

Das Weib wird durch die Ehe frei; der Mann verliert seine **Freiheit**. Immanuel Kant

Die Ehe gibt dem Einzelnen Begrenzung und dadurch dem Ganzen **Sicherheit**. Friedrich Hebbel

Eine jegliche Person in der **Ehe** soll ihr Amt tun, das ihr gebührt. Der Mann soll erwerben, das Weib aber soll ersparen. Martin Luther

Elf Ehestandsjahr' erschöpfen das **Gespräch**.

Heinrich von Kleist

Wenn die Frau die Tür schlägt und der Mann sie sacht schließt, gibt es, wenn nicht eine **Musterehe**, so doch eine erträgliche. Schlagen sie beide die Tür, so ist das freilich schon so etwas wie die **Hölle** auf Erden. Schlägt der Mann sie und die Frau schließt sie sacht, dann ist's manchmal der **Himmel**, aber manchmal auch die **Langeweile** auf Erden.

Wilhelm Raabe

Die erste Stelle im **Paradiese** werden diejenigen einnehmen, die sich in der Ehe getäuscht haben und doch ausharren.

Karl Gutzkow

Was gewisse **Ehen** so kompliziert, ist, dass eine Frau heimlich ihren Mann doch liebt.

Ernst Freiherr von Feuchtersleben

Was Männer und Frauen im **Himmel** tun, wissen wir nicht; sicher ist nur, dass sie sich nicht heiraten.

Jonathan Swift

Der **Zank** ist das Band vieler bürgerlicher Ehen.

Stendhal

Es gibt **Eheleute**, die ihr Glück auswärts suchen, und in ihrem Hause liegt es aufgebahrt, scheintot. Auferstehen würde es durch den Ruf eines einzigen liebevollen Wortes, aber dieses Wort wird nicht gesprochen.

Peter Rosegger

Die **Familie** ist die älteste aller Gemeinschaften und die einzige natürliche.

Jean-Jacques Rousseau

Denn zu Zeiten der **Not** bedarf man seiner Verwandten.

Johann Wolfgang von Goethe

Bitternisse und Süßigkeiten der Ehe werden von den **Weisen** geheim gehalten.

Michel de Montaigne

Ich wusste damals noch nicht, dass neunundneunzig Prozent aller **Ehepaare** in derselben Hölle leben wie wir, und das dies nicht anders sein kann.

Leo N. Tolstoi

Das **Bett** ist das Barometer der Ehe. Honoré de Balzac

Das **Schicksal**, das die Gesellschaft traditionsgemäß für die Frau bereithält, ist die Ehe. Simone de Beauvoir

Das einzig annehmbare **Schicksal** für eine Frau ist eine glückliche Ehe. Henry de Montherlant

Den Eheleuten kommt es zu, einander auszusuchen. Die gegenseitige Neigung muss ihr erstes **Band** sein. Ihre Augen, ihre Herzen müssen ihre ersten Führer sein. Jean-Jacques Rousseau

Dass ein Mann seine Geliebte prügelt – das ist eine Selbstverstümmelung; aber dass er seine Frau schlägt – das ist **Selbstmord**. Honoré de Balzac

Der beste Freund wird wahrscheinlich die beste Gattin bekommen, weil die gute Ehe auf dem Talent zur **Freundschaft** beruht. Friedrich Nietzsche

Der Mann ist lyrisch, die Frau episch, die **Ehe** dramatisch.

Novalis

Der Ehemann darf keiner einzigen **Freundin** seiner Frau trauen.

Honoré de Balzac

Die Ehe, eine **Institution**, auf der heutzutage die Gesellschaft beruht, gibt uns allein ihre Last zu spüren: für den Mann die Freiheit, für die Frau die Pflichten.

Honoré de Balzac

Die Ehe ermutigt den Mann zu einem launischen **Imperialismus**.

Simone de Beauvoir

Die **Ehe** ist, abgesehen vom Tode und in der Zeit bis zum Tode, das wichtigste und unwiderruflichste Ereignis.

Leo N. Tolstoi

Die Ehe ist die einzige wahre Form von **Leibeigenschaft**, die unser Gesetz noch kennt. Es gibt, außer den Herrinnen des Hauses, keine Sklaven mehr.

John Stuart Mill

Die Ehe ist die interessanteste, schwerste und wichtigste **Aufgabe** im Leben. Anne Morrow Lindbergh

Die Ehe ist ein **Vertrag**; nur der erste Anfang ist frei, der Fortbestand wird durch Zwang und Gewalt durchgesetzt. Michel de Montaigne

Die Ehe ist die Schule der **Einsamkeit**. Aber man lernt nicht genug in ihr. Arthur Schnitzler

Die Ehe ist eine **Wissenschaft**. Honoré de Balzac

Die Liebe ist ein richtiges **Duell**, bei dem man keinen Augenblick unaufmerksam sein darf, wenn man über seinen Gegner triumphieren will. Honoré de Balzac

Die Ehe ist gegenseitige **Freiheitsberaubung** in beiderseitigem Einvernehmen. Oscar Wilde

Die Ehe ist ein Versuch, zu zweit wenigstens halb so **glücklich** zu werden, wie man allein gewesen ist.

Oscar Wilde

Die Ehe wird nicht glücklich durch Liebe – oft das Gegenteil -, sondern durch **Vernunft**.

Jean Paul

Die Ehe kommt nach der Liebe wie der **Rauch** nach der **Flamme**.

Nicolas Chamfort

Die Ehen, welche aus Liebe geschlossen werden, haben den **Irrtum** zum Vater und die **Not** zur Mutter.

Friedrich Nietzsche

Die Ehemänner scheffeln voller Abscheu und Bitterkeit unter größten Anstrengungen und Methoden, die ihnen selbst zuwider sind, **Geld**, und ihre Frauen geben unvermeidlich alles aus, unzufrieden, neidisch auf andere und verbittert, und es ist ihnen zu wenig, und sie trösten sich mit der Hoffnung auf einen Lotteriegewinn.

Leo N. Tolstoi

Die Frau, die ihren Mann nicht **beeinflussen** kann, ist ein Gänschen. Die Frau, die ihren Mann nicht beeinflussen will, ist eine Heilige.

Marie von Ebner-Eschenbach

Die **Fehltritte** der Frauen sind ebenso viele Anklagen gegen die Selbstsucht, Gleichgültigkeit und Nichtigkeit der Ehemänner.

Honoré de Balzac

Kinder sind das lieblichste **Pfand** in der Ehe, die binden und erhalten das Band der Liebe.

Martin Luther

Die Frau soll im Hause, wie ein Minister den Staat, dadurch herrschen, dass sie sich das befehlen lässt, was sie tun will. In diesem Sinne ist es ausgemacht, dass die besten Ehen diejenigen sind, in denen die Frau die meiste **Autorität** hat.

Jean-Jacques Rousseau

Die Güte einer Ehe bewährt sich dadurch, dass sie einmal eine „**Ausnahme**" erträgt.

Friedrich Nietzsche

Die **Harmonie** zwischen den Ehegatten erfordert, dass sich in den Ansichten über Welt und Leben, falls sie nicht übereinstimmen, derjenige, der weniger darüber nachgedacht hat, dem unterordnet, der mehr darüber nachgedacht hat. Leo N. Tolstoi

Zwanzig Jahre **Romantik** machen eine Frau zu einer Ruine. Zwanzig Jahre Ehe machen sie fast zu einem öffentlichen Gebäude. Oscar Wilde

Die **Hochzeitsreise** ist der erste Versuch, der Ehe-Realität zu entgehen. August Strindberg

Die Knoten, die man gar zu fest ziehen will, reißen. Dasselbe geschieht mit dem **Eheband**, wenn man es fester ziehen will, als es sein soll. Jean-Jacques Rousseau

Die **Institution** der Ehe hält hartnäckig den Glauben aufrecht, dass die Liebe, obschon eine Leidenschaft, doch als solche der Dauer fähig sei, ja dass die dauerhaft lebenslängliche Liebe als Regel aufgestellt werden könne. Friedrich Nietzsche

Alle gemeinsamen **Freuden** in einer Ehe machen sie fester, alle einsamen lockern sie.

Sigmund Graff

Gemeinsame **geistige Tätigkeit** verbindet enger als das Band der Ehe.

Marie von Ebner-Eschenbach

Die Liebe macht mehr **Vergnügen** als die Ehe, Romane sind auch unterhaltender als die Geschichte.

Nicolas Chamfort

Die wichtigste **Schraube** im Familienleben ist – die Liebe, die sexuelle Neigung, die Einheit des Fleisches, alles andere ist unzuverlässig und langweilig, so klug wir uns das auch immer ausrechnen mögen.

Anton P. Tschechow

Du sollst **Ehrfurcht** haben vor der ehelichen Verbindung; wo du Gatten siehst, die sich lieben, sollst du dich darüber freuen und teil daran nehmen wie an dem Glück eines heitern Tags.

Johann Wolfgang von Goethe

Du sollst keine **Ehe** schließen, die gebrochen werden müsste. Friedrich Schleiermacher

Heirate nur. Bekommst du eine gute Frau, wirst du sehr glücklich werden; bekommst du eine schlechte, wirst du **Philosoph** werden. Sokrates

Gut gehängt ist besser als schlecht **verheiratet**.
William Shakespeare

Liebe und **Ehestand** vereint sind fast unerträglich.
Christina von Schweden

Der **Ehestand** hat viele Kinder: Reue, Zwietracht, Armut, Eifersucht, Krankheit, Launenhaftigkeit, Abneigung und andere mehr. Jonathan Swift

Ehe – das einzige Abenteuer, das auch dem **Feigling** offensteht. Voltaire

Halte die **Augen** vor der Ehe weit offen und halb geschlossen danach. Benjamin Franklin

Manche Ehen sind ein **Zustand**, in dem zwei Leute es weder mit noch ohne einander durch längere Zeit aushalten können. Marie von Ebner-Eschenbach

Mit dem Band, das ihre Herzen binden sollte, haben sie ihren **Frieden** stranguliert. Georg Christoph Lichtenberg

Die Ehe ist der Anfang und der Gipfel aller **Kultur**. Sie macht den Rohen mild, und der Gebildetste hat keine bessere Gelegenheit, seine Milde zu beweisen. Unauflöslich muss sie sein, denn sie bringt so vieles Glück, dass alles einzelne Unglück dagegen gar nicht zu rechnen ist. Johann Wolfgang von Goethe

Die meisten glücklichen Ehen werden seufzend geschlossen, die meisten unglücklichen im Rausche des **Entzückens**. August von Kotzebue

In der Ehe gibt's keine größeren **Fehler** als die wiederkommenden.

Jean Paul

Ehen, aus leidenschaftlicher, blinder Liebe geschlossen, geraten selten.

Karl Julius Weber

Die Ehe ist ein konzentrierter **Umgang**.

Rahel Varnhagen

In unserm monogamischen Weltteile heißt **Heiraten** seine Rechte halbieren und seine Pflichten verdoppeln.

Arthur Schopenhauer

Wenn der Mann das **Amt** hat und die Frau den **Verstand**, dann gibt es eine gute Ehe.

Marie von Ebner-Eschenbach

Wenn die **Familie** in Ordnung ist, wird der Staat in Ordnung sein; wenn der Staat in Ordnung ist, wird die große Gemeinschaft der Menschen in Frieden leben.

Konfuzius

Nicht mangelnde Liebe, sondern mangelnde **Freundschaft** führt zu unglücklichen Ehen. Friedrich Nietzsche

Es bereitet nur wenig mehr Mühe, seine Familie zu regieren, als ein ganzes **Königreich**. Michel de Montaigne

Nur um eine liebende Frau her kann sich eine **Familie** bilden. Friedrich Schlegel

Nur in der Ehe, nur im **Familienleben** wird der Zweck der Menschheit erreicht. Ludwig Börne

Auch im glücklichsten **Haushalt** kommen Augenblicke des Bedauerns. Honoré de Balzac

In der Familie beginnt die wahre **Politik**.
Gottfried Keller

Die **Familie** ist es, die unseren Zeiten not tut.
Adalbert Stifter

Der Grundton in der Harmonie der Häuslichkeit muss immer das **Kindergeschrei** sein, sonst geht die wichtigste Stimme ab. Johann Nestroy

Ein glückliches **Familienleben** zwischen Mann und Weib und ihren Kindern ist der Treffer unseres Daseins. Auf ihm beruht der Staat, die Sittlichkeit, die Ruhe, und – im großen Ganzen – unsere körperliche und geistige Gesundheit. Detlev von Liliencron

Jede Familie trägt einen heimlichen **Fluch** oder **Segen**. Ihn finde! Ihn lege zugrunde! Gerhart Hauptmann

Das Wort **Familienbande** hat einen Beigeschmack von Wahrheit. Karl Kraus

Aus glücklichen **Familien** besteht das Wohl des Staates; oder seine Glückseligkeit ist Scheingröße.
Johann Gottfried Herder

Demokratie darf nicht so weit gehen, dass in der Familie abgestimmt wird, wer der Vater ist. Willy Brandt

Das beste **Altersheim** ist die Familie. Heinrich Lübke

Das ist die undankbare Stellung des **Vaters** in der Familie. Aller Versorger, aller Feind. August Strindberg

Das **Familienglück** verschlingt mich mit Haut und Haar, ich kann es mir aber nicht leisten, untätig zu sein.
Leo N. Tolstoi

Die **Familie** ist zu eng und hat zu kleine selbstsüchtige Ziele. August Strindberg

Die Familie ist die natürlichste, festeste und innigste **Körperschaft**. Aus ihr, wenn sie gut ist, geht die höchste Würde des menschlichen Geschlechtes und die größte Vollkommenheit der Staatsform hervor.
Adalbert Stifter

Entbehrung braucht die Familie notwendiger als **Überfluss**.

Leo N. Tolstoi

Ganz aufgehen in der Familie heißt ganz **untergehen**.

Marie von Ebner-Eschenbach

In den meisten Fällen ist die Familie für ein junges Talent entweder ein **Treibhaus** oder ein **Löschhorn**.

Marie von Ebner-Eschenbach

Tugend und Liebe begründen zwar das **Familienglück**, aber nur Talente machen es wirklich anziehend.

Heinrich von Kleist

Weil man so viel mit aller Welt verkehrt, hat man keine Familie mehr; kaum kennt man seine **Verwandten**.

Jean-Jacques Rousseau

Wer sich in die **Familie** begibt, kommt darin um.

Heimito von Doderer

Bildung und Kunst

Die **Bildung** kommt nicht vom Lesen, sondern vom Nachdenken über das Gelesene. Carl Hilty

Lernen ist wie **Rudern** gegen den Strom. Sobald man aufhört, treibt man zurück. Benjamin Britten

Lernen, ohne zu denken, ist eitel. Denken, ohne zu lernen, ist gefährlich. Konfuzius

Wir behalten von unseren **Studien** am Ende nur das, was wir praktisch anwenden. Johann Wolfgang von Goethe

Das kleinste Kapitel eigener **Erfahrung** ist mehr wert als Millionen fremder Erfahrung. Gotthold Ephraim Lessing

Das **Genie** bleibt sich selbst immer das größte Geheimnis. Friedrich Schiller

Bildung kann die **Zucht** verfeinern, aber nicht ersetzen.

Oswald Spengler

Der **Lehrer** ist der Lenker und Bildner fremden Talents. Schwerer ist es freilich, die eigene Natur zu bilden.

Quintilian

Weiß ich, womit du dich beschäftigst, so weiß ich, was aus dir **werden** kann.

Johann Wolfgang von Goethe

Was die Epoche besitzt, das verkünden hundert Talente; aber der **Genius** bringt ahnend hervor, was ihr fehlt.

Emanuel Geibel

Zwar weiß ich viel, doch möcht' ich alles **wissen**.

Johann Wolfgang von Goethe

Große Werke werden nicht durch Stärke, sondern durch **Beharrlichkeit** vollbracht.

Samuel Johnson

Es hat noch keinen großen **Geist** ohne Beimischung von Wahnsinn gegeben. Seneca

Künstler haben gewöhnlich die Meinung von uns, die wir von ihren Werken haben.

Georg Christoph Lichtenberg

Dichten ist ein Übermut. Johann Wolfgang von Goethe

In der Kunst zählt allein das **Gelingen**. Der gute Wille ist gleich null. Paul Verlaine

Die **Form** ist alles. Sie ist das Geheimnis des Lebens. Gib der Trauer Ausdruck, so ist sie dir teuer. Gib der Freude Ausdruck, so ist sie dir verdoppelt. Beginne mit der Verehrung der Form, und kein Geheimnis der Kunst wird dir unentschleiert bleiben. Oscar Wilde

Der alte Satz: Aller **Anfang** ist schwer, gilt nur für Fertigkeiten. In der **Kunst** ist nichts schwerer als beenden.

Marie von Ebner-Eschenbach

Der Mensch ist, was er als Mensch sein soll, erst durch **Bildung**. Georg Wilhelm Friedrich Hegel

Kannst du nicht allen gefallen durch deine **Taten** und dein Kunstwerk, mach es wenigen recht; vielen gefallen ist schlimm. Friedrich Schiller

Wie oft verwechselt man Einfälle mit **Ideen**!
Friedrich Hebbel

Das wichtigste Resultat aller Bildung ist die **Selbsterkenntnis**. Ernst von Feuchtersleben

Schönheit ist der Sinn der Welt. Schönheit genießen heißt die Welt verstehn. Otto Julius Bierbaum

Nur die **Unwissenden** verachten die Bildung.
Publilius Syrus

Die Kunst ist zwar nicht das Brot, aber der **Wein** des Lebens. Jean Paul

Wahre **Universalität** besteht nicht darin, dass man vieles weiß, sondern dass man vieles liebt.

Carl Jacob Burckhardt

So ein bisschen **Bildung** ziert den ganzen Menschen.

Heinrich Heine

Bildung ist das, was die meisten empfangen, viele weitergeben und wenige haben.

Karl Kraus

Bildung ist für den **Gebildeten** wie eine zweite Sonne.

Heraklit

Die beste Bildung findet ein gescheiter Mensch auf **Reisen**.

Johann Wolfgang von Goethe

Erkenntnis macht frei, Bildung fesselt, Halbbildung stürzt in Sklaverei.

Wilhelm Raabe

Kunst ist die reinste Form der Liebe.

George Bernard Shaw

Die Kunst verhält sich zur Natur wie der **Wein** zur Traube.
Franz Grillparzer

Nicht was der Mensch soll: Was und wie er's vermag, zeige die **Kunst**.
Friedrich Hebbel

Die Kunst ist das **Gewissen** der Menschheit.
Friedrich Hebbel

Gebildete Menschen sind den ungebildeten genauso überlegen wie die Lebenden den Toten.
Aristoteles

Kunst kommt von Können. Käme es von Wollen, so hieße es Wulst.
Friedrich Nietzsche

Die Welt allein bildet einen vollkommenen Menschen nicht. Das **Lesen** der besten Schriftsteller muss dazu kommen.
Gotthold Ephraim Lessing

Bildung ist jenseits aller **Standesunterschiede**.

Konfuzius

Wir sind auf einer **Mission**: Zur Bildung der Erde sind wir berufen.

Novalis

Kunst entsteht nicht aus der Mühe, sondern aus der Fülle. Der **Künstler** ringt nicht mit seinem Werk, sondern mit dem, was ihn daran bindet.

Waldemar Bonsels

Alle **Kunst** ist der Freude gewidmet.

Friedrich Schiller

Gebildete Menschen und die auf Bildung anderer arbeiten bringen ihr Leben ohne Geräusch zu.

Johann Wolfgang von Goethe

Liebe und **Kunst** umarmen nicht was schön ist, sondern was eben dadurch schön wird.

Karl Kraus

Sich zu **bilden** heißt, lernen zu wollen, was geschieht.

Epiktet

Jeden Tag lernen wir Dinge, von denen wir keine Ahnung hatten. **Reisen** bilden wirklich sehr.

Voltaire

Die Bildung ist der **Glücklichen** Schmuck und der **Unglücklichen** Zuflucht.

Euripides

Tiefe **Bildung** glänzt nicht.

Marie von Ebner-Eschenbach

Man muss alle seine **Kräfte** üben und regelmäßig ausbilden.

Novalis

Sich mitzuteilen ist Natur; Mitgeteiltes aufzunehmen, wie es gegeben wird, ist **Bildung**.

Johann Wolfgang von Goethe

Es ist unmöglich, **gebildet** zu werden, wenn man nur liest, was gefällt.

Joseph Joubert

Die Leute haben eine Art von Bildung. Das heißt, sie wissen genug von allen Dingen, um darüber verkehrt **reden** zu können.
Vauvenargues

Bildung ist ein unentreißbarer **Besitz**.
Menander

Ein **Talent** hat jeder Mensch, nur gehört zumeist das Licht der Bildung dazu, um es aufzufinden.
Peter Rosegger

Allem Leben, allem Tun, aller Kunst muss das **Handwerk** vorausgehen, welches nur in der Beschränkung erworben wird. Eines recht wissen und ausüben gibt höhere Bildung als Halbheit im Hundertfältigen.
Johann Wolfgang von Goethe

Geld ist rund und rollt weg, aber Bildung bleibt.
Heinrich Heine

Dem ungebildeten Menschen erscheint alles als Einzelheit, dem gebildeten alles im **Zusammenhange**. Es gibt da aber allerlei Nuancen.
Wilhelm Raabe

Die **Menschen** werden nur von Menschen gebildet, die Guten von Guten.
Johann Wolfgang von Goethe

Jede Stufe der Bildung fängt mit **Kindheit** an. Daher ist der am meisten gebildete irdische Mensch dem Kinde so ähnlich.
Novalis

Bildung scheint mir das einzige Ziel, das des Bestrebens, Wahrheit der einzige Reichtum, der des Besitzes würdig ist.
Heinrich von Kleist

Ich wünsche mich nie mit einem Menschen zu **unterhalten**, der mehr geschrieben als gelesen hat.
Samuel Johnson

Jeder gelehrte Mensch trägt den **Reichtum** stets bei sich.
Phaedrus

Bildung ist ein durchaus relativer Begriff. Gebildet ist jeder, der das hat, was er für seinen **Lebenskreis** braucht.
Friedrich Hebbel

Die **Ungebildeten** haben das Unglück, das Schwere nicht zu verstehen, dagegen verstehen die Gebildeten häufig das Leichte nicht, was ein noch viel größeres Unglück ist.
Franz Grillparzer

Der Endzweck der Künste ist: **Vergnügen**.
Gotthold Ephraim Lessing

Alles **Große** bildet, sobald wir es gewahr werden.
Johann Wolfgang von Goethe

Bildung ist die Fähigkeit, **Wesentliches** von Unwesentlichem zu unterscheiden, und jenes ernst zu nehmen.
Paul de Lagarde

Viel muss man **lesen**, nicht vielerlei. Ich meine nicht vieles, sondern viel: ein weniges, aber mit Fleiß.
Gotthold Ephraim Lessing

Die höchste Stufe menschlicher Bildung ist die vollkommene Ausgeglichenheit der Seele und der maßvolle **Lebenswandel**.
Konfuzius

Früher erwarb man Bildung, um von ihr beeindruckt zu werden, heute macht man den **Bildungsgang** mit, um zu beeindrucken. Konfuzius

Die **Welt** ist nicht dazu da, um von uns erkannt zu werden, sondern uns in ihr zu bilden.
Georg Christoph Lichtenberg

Lesen heißt Borgen, daraus erfinden Abtragen.
Georg Christoph Lichtenberg

Man sollte sich nicht **schlafen** legen, ohne sagen zu können, dass man an dem Tage etwas gelernt hat.
Georg Christoph Lichtenberg

Es ist nicht die Aufgabe der **Kunst**, die Natur zu kopieren, sondern sie auszudrücken. Honoré de Balzac

Alles, was dem bildenden Menschen schwer dünkt, da soll er nachgerade seine Kräfte versuchen. Was einem **Mühe** kostet, das hat man lieb. Novalis

Die Menschheit hat ihre **Würde** verloren, aber die Kunst hat sie gerettet und aufbewahrt in bedeutenden Steinen.

Friedrich Schiller

Wir **lernen** nur von denen, die wir lieben.

Johann Wolfgang von Goethe

Es ist ein großer Unterschied, ob ich lese zu Genuss und **Belebung** oder zu Erkenntnis und **Belehrung**.

Johann Wolfgang von Goethe

Vom Schlechten kann man nie zu wenig und das Gute nie zu oft **lesen**.

Arthur Schopenhauer

Natürlicher **Verstand** kann fast jeden Grad von Bildung ersetzen, aber keine Bildung den natürlichen Verstand.

Arthur Schopenhauer

Es ist ein Beweis hoher **Bildung**, die größten Dinge auf die einfachste Art zu sagen.

Ralph Waldo Emerson

Bildung macht frei.

Conrad Ferdinand Meyer

Die Bildung wird täglich geringer, weil die **Hast** größer wird. Friedrich Nietzsche

Lerne nicht mehr als du unbedingt brauchst, um durchs **Leben** zu kommen. Karl Kraus

Wir bringen hervor, was wir sehen. Möge es kein Mensch wagen, in der **Kunst** ein Ding zu schaffen, das er im Leben nicht sehen möchte. George Bernard Shaw

Mehr **Inhalt**, weniger Kunst! William Shakespeare

Wenn es eine **Freude** ist, das Gute zu genießen, so ist es eine größere, das Bessere zu empfinden, und in der Kunst ist das Beste gut genug. Johann Wolfgang von Goethe

Aus dem Verlangen nach dem Überflüssigen ist die **Kunst** entstanden. Marie von Ebner-Eschenbach

Jede Kunst erfordert ein ganzes **Menschenleben**.
Friedrich Hölderlin

Liebe und Kunst leben gegenseitig ineinander, wie **Gehirn** und **Herz**, beide einander zur Wechselstärkung eingeimpft. E. T. A. Hoffmann

Die Künste sind der **Spiegel** des Lebens. Heinrich Heine

Die Kunst ist das einzig Seriöse auf der Welt. Und der **Künstler** ist der Einzige, der nie seriös wird.
Oscar Wilde

Alle **Teilnahme** an der Kunst beruht auf der Teilnahme an fremden Existenzen. Friedrich Hebbel

Die Kunst ist und bleibt einmal eine **Leidenschaft**.
Johann Nestroy

Die Kunst hat es mit dem **Leben**, dem inneren und äußeren, zu tun, und man kann wohl sagen, dass sie beides zugleich darstellt, seine reinste Form und seinen höchsten Gehalt. Friedrich Hebbel

Alle wirkliche **Kunst** ist einfach. Wilhelm Furtwängler

Kunstlosigkeit ist die Grundbedingung aller Kunst.
Henry David Thoreau

Ohne ein Maß von **Weisheit** und Gerechtigkeit gibt es keine Kunst. Gottfried Keller

Was ist Kunst? **Prostitution**. Charles Baudelaire

Wenn der Kunst kein Tempel mehr offen steht, dann flüchtet sie in die **Werkstatt**. Marie von Ebner-Eschenbach

Die **Kunst** spiegelt den, der sie ansieht, nicht das Leben.
Oscar Wilde

Die Kunst ist der **Spiegel** der innersten Seele.
Bettina von Arnim

Jedes Kunstwerk ist **Überwindung**. Gerhart Hauptmann

Alle Kunst gefällt nur, wenn sie den Charakter der **Leichtigkeit** hat. Sie muss wie improvisiert erscheinen.
Johann Wolfgang von Goethe

Das **Gute** ist ein Kennzeichen wahrer Kunst.
Leo N. Tolstoi

In der Kunst ist alles Bilden nur ein **Nachbilden**.
Marie von Ebner-Eschenbach

Alle Kunst ist schwer, und wer sie beurteilen will, muss durchaus die Teilnahme und den **Respekt** mitbringen, die aller ehrlichen Arbeit gebühren. Theodor Fontane

Das ist die Kunst, das ist die **Welt**; dass eins ums andere gefällt. Johann Wolfgang von Goethe

Ich glaube, dass alle Kunst **Mitteilung** ist.

Karl Heinrich Waggerl

Wie soll **Kunst** die Menschen bewegen, wenn sie selber nicht von den Schicksalen der Menschen bewegt wird.

Bertolt Brecht

Ernst ist das **Leben**, heiter ist die **Kunst**. Friedrich Schiller

Die Kunst befasst sich viel mit **Erotik** und bezieht aus ihr Hauptreize. Die Kunst sublimiert, vergeistigt, verfeinert die Erotik, sie beseitigt sie nicht. Alfred Döblin

Alle Künste sind gut, ausgenommen die langweilige **Kunst**.

Voltaire

Gemeine **Wahrheit** oder rein Wirkliches kann nicht Thema der Kunst sein. Täuschung auf dem Grund der Wahrheit, das ist das Geheimnis der schönen Künste.

Joseph Joubert

Kunst ist für den Menschen genauso ein **Bedürfnis** wie essen und trinken. F. M. Dostojewski

Kunst braucht **Zeit**. Kunst geben braucht Zeit, und Kunst nehmen braucht Zeit, Zeit und einen freien Kopf.
Lion Feuchtwanger

Kunst ist Ahnung, Empfinden, **Wissenschaft** ist Erkenntnis des Gesetzmäßigen. Walter Rathenau

Ich glaube, dass die große Kunst wissenschaftlich und unpersönlich ist. Man muss durch geistige Anstrengung sich in die **Persönlichkeiten** hineinversetzen, nicht sie an sich ziehen. Gustave Flaubert

Die Kunst ist ein Mittel zur Unterscheidung zwischen **Gut** und **Böse**, ein Mittel, das Gute zu erkennen.
Leo N. Tolstoi

In den schönen **Künsten** und selbst in vielen anderen Dingen weiß man nur, was man nicht gelernt hat.
Nicolas Chamfort

Jede Kunst verlangt den ganzen Menschen, der höchstmögliche Grad derselben die ganze **Menschheit**.

Johann Wolfgang von Goethe

Das Leben ist kurz, die Kunst ist lang, der rechte Zeitpunkt ist knapp, bemessen, der Versuch ist trügerisch, die **Entscheidung** schwierig.

Hippokrates

Die Kunst ist die stärkste Form von **Individualismus**, welche die Welt kennt.

Oscar Wilde

Die Kunst darf nie populär sein wollen. Das **Publikum** muss künstlerisch werden.

Oscar Wilde

Die **Kunst** ist ein so überaus reines und selbstzufriedenes Wesen, dass es sie kränkt, wenn man sich um sie bemüht.

Robert Walser

Das **Leben** ist kurz, die **Kunst** ist lang.

Hippokrates

Beruf, Arbeit und Karriere

Um es in einem Berufe weit zu bringen, muss man nicht allein die **Vorzüge**, sondern auch die **Fehler** desselben haben. Die ersten sind der Geist, die zweiten der Körper der Aufgabe. Franz Grillparzer

Der **Mann** muss hinaus ins feindliche Leben.

Friedrich Schiller

Eine Stunde konzentrierter Arbeit hilft mehr, deine **Lebensfreude** anzufachen, deine Schwermut zu überwinden und dein Schiff wieder flottzumachen, als ein Monat dumpfen Brütens. Benjamin Franklin

Ein **Beruf** ist das Rückgrat des Lebens.

Friedrich Nietzsche

Ein Beruf macht gedankenlos, darin liegt sein größter **Segen**. Denn er ist eine Schutzwehr, hinter welche man sich, wenn Bedenken und Sorgen allgemeiner Art anfallen, erlaubtermaßen zurückziehen kann.

Friedrich Nietzsche

Man kann seinen **Beruf** auch verfehlen, indem man ihn ausübt.
Karl Heinrich Waggerl

Arbeit lässt sich wie Gummi dehnen, um die **Zeit** auszufüllen, die für sie zur Verfügung steht.
Cyril Northcote Parkinson

Ein jeder versucht eben auf seine Weise, in der **Welt** vorwärts zu kommen.
Voltaire

Jeder übe sich in der **Kunst**, die er erlernt hat!
Cicero

Man ist viel wert in der Welt, wenn man sein **Fach** versteht!
Adolph Freiherr von Knigge

Man unterziehe sich niemals einer Berufsarbeit. Tut man das, so wird man schlecht und recht ein **Allerweltsmensch**, ein kleines Rädchen in der Maschinerie des Staatsorganismus.
Sören Kierkegaard

Mancher wäre ein **Phönix** in seinem Beruf gewesen, hätte er keine Vorgänger gehabt.

Baltasar Gracián y Morales

Ein gutes Mittel gegen die **Managerkrankheit**: Stecke mehr Zeit in deine Arbeit als Arbeit in deine Zeit.

Friedrich Dürrenmatt

In der Beschränkung zeigt sich erst der **Meister**.

Johann Wolfgang von Goethe

Jahrelang bildet der **Meister** und kann sich nimmer genug tun.

Friedrich Schiller

Nicht nur jedes Land, sondern jede Stadt und jeder Beruf prägt seine besonderen **Höflichkeitsformen**.

Michel de Montaigne

Sei pünktlich, ordentlich, arbeitsam, fleißig in deinem **Beruf**!

Adolph Freiherr von Knigge

Bei der Arbeit recht **Beginnen**, beim Genießen rechter **Schluss**.

Emanuel Geibel

Was ist dein **Beruf**? Gut zu sein.

Mark Aurel

Welch himmlischer Beruf ist die **Kunst**!

Felix Mendelssohn Bartholdy

Der heißt **Meister** im Fach, wer Nützliches eint mit Schönen.

Horaz

Ich habe wirklich die Absicht, mich für mein ganzes Leben der **Medizin** zu widmen. Ich finde, das ist das beste Handwerk: ob man's gut macht oder schlecht, bezahlt wird man in gleicher Weise.

Molière

Dein **Wesen** ist dein Beruf. Was keiner als du tun kann und soll, das tue, so tust du recht.

Johann Gottfried Herder

Arbeit ist die zuverlässigste **Seligkeit** dieser Erde.

Ernst Wiechert

Alle Berufe sind Verschwörungen gegen die **Laien**.

George Bernard Shaw

Man kann einem jungen Menschen keine größere Wohltat erweisen, als wenn man ihn zeitig in die **Bestimmung** seines Wesens einweiht.

Johann Wolfgang von Goethe

Wenn gute **Reden** sie begleiten, dann fließt die Arbeit munter fort.

Friedrich Schiller

Das Wichtigste im Leben ist die **Wahl** des Berufes. Der Zufall entscheidet darüber.

Blaise Pascal

Arbeit: eines der Verfahren, durch das A dem B **Eigentum** erwirbt.

Ambrose Bierce

Müde macht uns die Arbeit, die wir liegenlassen, nicht die, die wir tun. Marie von Ebner-Eschenbach

So eine Arbeit wird eigentlich nie fertig, man muss sie für fertig erklären, wenn man nach Zeit und Umständen das **Mögliche** getan hat. Johann Wolfgang von Goethe

Wenig **Arbeit** ist eine Bürde, viel Arbeit eine Freude.
Victor Hugo

Unablässige Arbeit, die Arbeit im **Schweiße** des Angesichts, besiegt alles. Vergil

Leute, die niemals **Zeit** haben, tun am wenigsten.
Georg Christoph Lichtenberg

Arbeit ist das Feuer der **Gestaltung**. Karl Marx

Eine Arbeit, die uns **Befriedigung** gewährt, ist gewiss das beste und solideste Glück. Theodor Storm

Wir haben auch Arbeit, und gar zu zweit, und haben die Sonne und Regen und Wind. Und uns fehlt nur eine Kleinigkeit, um so frei zu sein, wie die Vögel sind: nur **Zeit**. Richard Dehmel

Je mehr **Vergnügen** du an deiner Arbeit hast, desto besser wird sie bezahlt. Mark Twain

Briefe soll man, wie jedes andere Vergnügen, nach getaner Arbeit sich gestatten. Gottfried Keller

Die Arbeit hält drei große **Übel** fern: die Langeweile, das Laster und die Not. Voltaire

Angenehm sind die erledigten **Arbeiten**. Cicero

Der Mensch ist zur Arbeit geboren wie der **Vogel** zum **Fliegen**. Martin Luther

Arbeit ist das sicherste **Kapital**. Jean de La Fontaine

Nie ist das menschliche **Gemüt** heiterer gestimmt, als wenn es seine richtige Arbeit gefunden hat.

Wilhelm von Humboldt

Der Mensch ist nicht **arm**, wenn er nichts besitzt, sondern wenn er nicht arbeiten mag.

Montesquieu

Lasst uns arbeiten, ohne zu **grübeln**, das ist das einzige Mittel, das Leben erträglich zu machen.

Voltaire

Der **Müßiggang**, nicht die Arbeit, ist der Fluch der Menschen.

Samuel Smiles

Es ist von größter Wichtigkeit, dass **Kinder** arbeiten lernen. Der Mensch ist das einzige Tier, das arbeiten muss.

Immanuel Kant

Oh wie lieb ist die **Arbeit**, wenn man dabei an etwas Liebes zu denken hat und sicher ist, am Sonntag mit ihm zusammen zu sein.

Gottfried Keller

Wenn man einmal eine Arbeit vorhat, so ist es gut, bei der **Ausführung** sich nicht gleich das Ganze vorzustellen. Man arbeite an dem, was man gerade vor sich hat, und wenn man damit fertig ist, gehe man an das nächste. Georg Christoph Lichtenberg

Arbeit, die wir lieben, ist das Einzige, was uns mit dem Leben **versöhnen** kann. Hermann Joachim Bang

Der Wert der menschlichen Arbeit wächst mit der Weite des **Wirtschaftsgebietes**. Wir müssen uns mit aller Macht aus der Isolierung lösen. Ludwig Erhard

Lebenskunst besteht darin, die eigene Natur mit der eigenen Arbeit in Einklang zu bringen.

Luis Ponce de Léon

Arbeite nur, die **Freude** kommt von selbst!

Johann Wolfgang von Goethe

Die **Langsamkeit** des Alters erleichtert die Geduld bei der Arbeit. Joseph Joubert

Wenn der Mensch keinen Genuss mehr an der Arbeit findet und nur arbeitet, um so schnell wie möglich zum Genuss zu gelangen, so ist es nur ein Zufall, wenn er kein **Verbrecher** wird. Theodor Mommsen

Arbeiten und nicht **verzweifeln**. Thomas Carlyle

Arbeit ist das beste **Heilmittel** für alle Krankheiten und alles Elend, das die Menschheit je befallen hat – ehrliche Arbeit. Thomas Carlyle

Der Zweck der Arbeit soll das **Gemeinwohl** sein.
Alfred Krupp

Ich brauche **Ruhe** und **Heiterkeit** der Umgebung und vor allem Liebe, wenn ich arbeite. Adalbert Stifter

Unser Leben ist der **Mord** durch Arbeit; wir hängen sechzig Jahre lang am Strick und zappeln.
Georg Büchner

Der Mensch muss sich aber hüten, durch zu viel Arbeit seinen Leib zu **töten**.

Hildegard von Bingen

Die Gesellschaft findet nun einmal nicht ihr **Gleichgewicht**, bis sie sich um die Sonne der Arbeit dreht.

Karl Marx

Das Immer-arbeiten-Müssen macht egoistisch wie alles Ausschließliche, es ist bürgerlich respektabel und verdirbt doch den **Charakter**.

Theodor Fontane

Arbeit ist nur dann Arbeit, wenn sie ohne **Zweifel** notwendig ist.

Leo Tolstoi

Arbeit ist der unvermeidliche Zustand im menschlichen Leben, die wahre Quelle menschlichen **Wohlergehens**.

Leo N. Tolstoi

Nicht was er mit seiner Arbeit erwirbt, ist der eigentliche **Lohn** des Menschen, sondern was er durch sie wird.

John Ruskin

Freude an der Arbeit lässt das **Werk** trefflich geraten.

Aristoteles

Man muss arbeiten, wenn nicht aus Lust an der Arbeit, dann aus Verzweiflung, denn, wenn man es recht bedenkt, ist die Arbeit doch schließlich weniger langweilig als das **Vergnügen**.

Charles Baudelaire

Was immer du kannst je werden, Arbeit scheu nicht und Wachen, aber hüte deine Seele vor dem **Karriere-Machen**!

Theodor Fontane

Arbeiten im Lande ist besser als in der **Wüste** beten.

Martin Luther

Der Arbeiter soll seine **Pflicht** tun, der Arbeitgeber soll mehr tun als seine Pflicht.

Marie von Ebner-Eschenbach

Die Arbeit, die man liegen ließ, war nie **vergeblich**.

Curt Goetz

Geben Sie dem **Arbeiter** das Recht auf Arbeit!

Otto von Bismarck

Arbeit um der Arbeit willen geht gegen die Natur.

John Locke

Ich habe nie Wertvolles zufällig getan. Meine **Erfindungen** sind nie zufällig entstanden. Ich habe gearbeitet.

Thomas Alva Edison

Die Arbeit ist der Eckstein, auf dem die Welt ruht; sie ist die Wurzel unserer **Selbstachtung**.

Henry Ford

Arbeite und **lerne** und du kannst gar nicht verhindern, dass du etwas wirst.

Dale Carnegie

Die Kunst des **Ausruhens** ist ein Teil der Kunst des Arbeitens.

John Steinbeck

Um es in der **Welt** zu etwas zu bringen, tut man, als habe man es zu etwas gebracht. La Rochefoucauld

Mit den Jahren steigern sich die **Prüfungen**.
Johann Wolfgang von Goethe

Am sichersten macht man **Karriere**, wenn man andern den Eindruck vermittelt, es sei für sie von Nutzen, einem zu helfen. Jean de La Bruyère

Nur wer seine **Arbeit** liebt, hat darin auch **Erfolg**.
Joseph Murphy

Nichts ist besser geeignet, die Verschmelzung der widerstrebenden Elemente zu fördern, als gemeinsame Arbeit an gemeinsamen **Aufgaben**. Otto von Bismarck

Es gibt zwei Wege für den politischen **Aufstieg**:
Entweder man passt sich an oder man legt sich quer.
Konrad Adenauer

Man kann auch in die **Höhe** fallen, so wie in die Tiefe.

Friedrich Hölderlin

Jeder **Aufstieg** in große Höhen geschieht auf einer Wendeltreppe.

Francis Bacon

Der **Ehrgeiz** ist für die Seele, was der Hunger für den Geist ist.

Ludwig Börne

Wer nicht arbeitet, soll nicht nur nicht essen, sondern braucht auch nicht zu **lieben**.

Gottfried Keller

Oft besteht die größere Kraft eines Mannes weniger darin, wie er ein **Amt** verwaltet, als wie er in dasselbe gelangte.

Jean Paul

Eine jede **Arbeit**, welche den Menschen in Anspruch nimmt, macht den Menschen still und bewirkt, dass er sich in das gesellschaftliche Gefüge seiner Stelle einordnet.

Paul Ernst

Das recht ernstliche **Streben** ist ein halbes Erreichen.

Wilhelm von Humboldt

Nur klugtätige Menschen, die ihre Kräfte kennen und sie mit Maß und Gescheitigkeit benutzen, werden es im **Weltwesen** weit bringen.

Johann Wolfgang von Goethe

Das meiste auf der Welt geht von selbst; der **Erfolg** lässt oft ganz törichtes Verhalten berechtigt erscheinen.

Michel de Montaigne

Der **Ausgang** gibt den Taten ihren Titel.

Johann Wolfgang von Goethe

Es gibt unter den Menschen teils einen unmäßigen **Ehrgeiz**, teils einen maßvollen und vernünftigen.

Aristoteles

Ausdauer und Entschlossenheit sind zwei Eigenschaften, die bei jedem Unternehmen den **Erfolg** sichern.

Leo N. Tolstoi

Zur **Größe** kann man sich aufringen, aufschwingen, aufdulden, aber nicht aufblasen.

Marie von Ebner-Eschenbach

Mit rechten **Leuten** wird man was.

Johann Wolfgang von Goethe

Nur indem man das **Unerreichbare** anstrebt, gelingt das erreichbare.

Miguel de Unamuno y Jugo

Jeder große **Erfolg** ist ein Triumph des Eigensinns.

Sigmund Graff

Der Erfolg beurteilt die **Tat**.

Ovid

Der Tag gehört dem **Irrtum** und dem Fehler, die Zeitreihe dem **Erfolg** und dem Gelingen.

Johann Wolfgang von Goethe

Am **Ziel** deiner Wünsche wirst du jedenfalls eins vermissen: dein Wandern zum Ziel.

Marie von Ebner-Eschenbach

Jeder Mensch hat seine eigene **Berufung**. Da man immer Zeit genug hat, wenn man sie gut anwenden will, so gelang mir manchmal das Doppelte und Dreifache.

Johann Wolfgang von Goethe

Man schreitet von Großen zu Größerem, und überaus maßlose Hoffnungen macht sich, wer unverhofft **Erfolg** hat.

Seneca

Es wäre wenig in der Welt unternommen worden, wenn man nur immer auf den **Ausgang** gesehen hätte.

Gotthold Ephraim Lessing

Das **Talent** ist der Ruf. Es gibt eine Richtung, in der der ganze Weltraum für ihn offen ist.

Ralph Waldo Emerson

Der **Erfolg** fragt nicht, wer sein Vater war.

Henry Ford

Wer nicht **Meister** sein will, muss eben Gesell bleiben und Vorgesetzte haben sein Leben lang. Gottfried Keller

Es gibt nur zwei Arten, in dieser Welt voranzukommen: entweder durch eigenes **Bemühen** oder durch die **Dummheit** anderer. Karl Kraus

Um **Erfolg** zu erringen, benimmt man sich möglichst so, als ob man ihn schon hätte. La Rochefoucauld

Der **Kampf** ist die Vorbedingung des Sieges.
Samuel Smiles

Diejenigen, die sich mit einem bescheidenen **Sieg** begnügen, erreichen mehr als die, die von unersättlicher Siegesgier besessen sind, denn diese verlieren oft.
Niccoló Machiavelli

Nur durch **Kampf** gewinnt man Siege.
Friedrich von Bodenstedt

Wer gesiegt hat, braucht keine **Rechenschaft** abzugeben.

Baltasar Gracián y Morales

Ein gerader Weg führt immer nur ans **Ziel**.

André Gide

Einfaches **Handeln**, folgerecht durchgeführt, wird am sichersten das Ziel erreichen.

Helmuth Graf von Moltke

Übers **Ziel** hinausschießen ist ebenso schlimm wie nicht ans Ziel kommen.

Konfuzius

Zu ein und demselben Ziel mehrere Wege zu kennen, ist nicht Wendigkeit des Geistes, sondern Mangel an **Einsicht**. Wir greifen auf, was immer uns einfällt, und können das Beste nicht gleich herausfinden.

La Rochefoucauld

Vom Ziel weg führen tausend **Wege**, zum Ziel hin nur einer.

Michel de Montaigne

Man muss höher **zielen**, als man treffen will.

Alfred Polgar

Wer nicht läuft, gelangt nie ans **Ziel**.

Johann Gottfried Herder

Wie oft werden wir von einem scharf ins **Ziel** gefassten Ziel abgelenkt, um ein höheres zu erreichen!

Johann Wolfgang von Goethe

Auf Erden ist alles in einem beständigen **Fluss**. Es kann nichts eine bestimmte und festgesetzte Gestalt behalten, also müssen auch unsere Neigungen, die an äußeren Dingen haften, mit diesen vorübergehen und wechseln.

Jean-Jacques Rousseau

Der starke Mann und der **Wasserfall** graben sich ihren Weg selbst.

Samuel Smiles

Kein **Weg** ist zu lang für den, der langsam und ohne Eile vorwärts schreitet; kein lockendes Ziel liegt zu fern für den, der sich mit Geduld rüstet.

Jean de La Bruyère

Der kürzeste Weg ist nicht der möglichst gerade, sondern der, bei welchem die günstigsten Winde unsere Segel schwellen; so sagt die Lehre der **Schifffahrer**.

Friedrich Nietzsche

Der **Mut** stellt sich die Wege kürzer vor.

Johann Wolfgang von Goethe

Wenn alle **Wege** verstellt sind, bleibt nur der nach oben.

Franz Werfel

Neigung und **Schicksal** weisen den Weg, den wir wählen sollen, aber wir müssen uns immer mit guter Absicht bemühen.

Leo N. Tolstoi

Die beste Art, in der Welt voranzukommen, ist, die Leute davon zu überzeugen, dass es für sie von **Vorteil** ist, dir zu helfen.

Jean de La Bruyère

Menschlichkeit, Humanität und Solidarität

Die **Menschen** sind füreinander geboren. Mark Aurel

Der Mensch kann nur das an den Dingen erkennen, was an ihnen **menschlich** ist. Sully Prudhomme

Zwischen den Menschen besteht für gewöhnlich so wenig **Unterschied**, dass kaum Grund zur Eitelkeit vorliegt. Montesquieu

Nur durch die **Bildung** wird der Mensch, der es ganz ist, überall menschlich und von der Menschlichkeit durchdrungen. Friedrich Schlegel

Man muss sich besiegen lassen und **Menschlichkeit** haben. Molière

Wo das **Bewusstsein** schwindet, dass jeder Mensch uns als Mensch etwas angeht, kommen Kultur und Ethik ins Wanken.
Albert Schweitzer

Man muss sich die **Menschen** nach ihrer Art verbindlich machen, nicht nach der unsrigen.
Georg Christoph Lichtenberg

Das Beste, was ein **Mensch** für einen andern tun kann, ist doch immer das, was er für ihn ist.
Adalbert Stifter

Höflichkeit ist die Blüte der Menschlichkeit. Wer nicht höflich genug, ist auch nicht menschlich genug.
Joseph Joubert

Lebe in **Frieden** mit allen Menschen, halte nie deinen Zorn gegen die Menschen für gerecht, halte nie einen Menschen für einen Verlorenen oder für einen Narren.
Leo N. Tolstoi

Man ist nur eigentlich **lebendig**, wenn man sich des Wohlwollens anderer freut.
Johann Wolfgang von Goethe

Der wahrhaft **Menschliche** ist schwerfällig in seiner Rede.
Konfuzius

Nichts erkältet mehr die edelsten Teile des inneren Menschen als Umgang mit Personen, an denen man keinen **Anteil** nehmen kann.
Jean Paul

Ich habe zu teuer dafür bezahlt, dass ich ein Herz habe; es ist besser, wenn man der **Menschlichkeit** entsagt.
Jean-Jacques Rousseau

Die Menschen haben gelernt, zu schwimmen wie die Fische und zu fliegen wie die Vögel, aber wie **Brüder** zusammenzuleben haben sie nicht gelernt. – Mehr als je zuvor sind Menschen aller Rassen und Völker aufgerufen, nachbarlich zu leben.
Martin Luther King

Im Grunde sind es doch die **Verbindungen** mit den Menschen, welche dem Leben seinen Wert geben.
Wilhelm von Humboldt

Alles, was die Menschen vereint, ist das **Gute** und Schöne, alles, was sie trennt, ist das **Schlechte** und Hässliche. Die ganze Welt kennt diese Formel – sie ist in unser Herz geschrieben. Leo N. Tolstoi

Glücklich ist der Mensch, der den Zusammenhang mit allem Lebendigen fühlt und deshalb das Leben und die Menschen liebt. Albert Schweitzer

Wenn uns die Menschen gefallen, die uns gerade umgeben, so gefällt uns die ganze **Menschheit**.

Heinrich von Kleist

Die **menschliche Natur** ist unvollkommen, und darum wäre es merkwürdig, würde man auf der Erde einzig und allein Gerechte sehen. Anton P. Tschechow

Humanität besteht darin, dass niemals ein Mensch einem Zweck geopfert wird. Albert Schweitzer

In menschlichen Angelegenheiten spielt eine göttliche **Macht** mit. Ovid

Dem **Nächsten** muss man helfen: Es kann uns allen Gleiches ja begegnen. Friedrich Schiller

Wer nichts für andere tut, tut nichts für sich.
Johann Wolfgang von Goethe

Sieh nur zu, dass du nicht schadest, während du zu **helfen** wünscht. Ovid

Vermeide niemand, der dir begegnet, Du findest leicht einen, dem du hilfst, einen, der dir **helfen** kann.
Johann Wolfgang von Goethe

Wenn jeder dem anderen **helfen** wollte, wäre allen geholfen. Marie von Ebner-Eschenbach

Alle **verzeihen**, niemand kommt zu Hilfe. Seneca

Wenn einer Sache nicht zu helfen ist, so ist es eine **Schande**, sich mit ihr abzugeben. Iwan Turgenjew

Nicht die Hilfe unserer Freunde hilft uns, sondern das **Vertrauen** auf ihre Hilfe.

Epikur

Fordere keinen **Helfer** in Dingen, die du selbst erledigen kannst.

Leo N. Tolstoi

Wer nicht im Augenblick hilft, scheint mir nie zu **helfen**; wer nicht im Augenblick Rat gibt, nie zu raten.

Johann Wolfgang von Goethe

Denen, die wirklich **arm** sind, muss man helfen.

Martin Luther

Nichts wird so teuer bezahlt als **Hilfeleistungen**. Wer sich nicht selbst helfen will, dem kann niemand helfen.

Johann Heinrich Pestalozzi

Keine Arbeit, keine durchrungene **Not** reicht an die Ausgaben heran.

Emil Gött

Edel sei der Mensch, hilfreich und gut! Denn das allein unterscheidet ihn von allen Wesen, die wir kennen.

Johann Wolfgang von Goethe

Mancher ertrinkt lieber, als dass er um **Hilfe** bittet.

Wilhelm Busch

Die **Menschen** sind doch dazu da, einander auszuhelfen.

Voltaire

Man muss sich gegenseitig helfen, das ist ein **Naturgesetz**.

Jean de La Fontaine

Da **Unheil** ich erfahren, lerne ich, den Elenden zu Hilfe zu kommen.

Vergil

Man kann nicht allen helfen, sagt der **Engherzige**, und hilft keinem.

Marie von Ebner-Eschenbach

Hilf dir – und der **Himmel** wird dir helfen.

Jean de La Fontaine

Ist nicht ein helfendes **Leben** ein zehnfaches?

Rainer Maria Rilke

Sorge dafür, dass dich jemand braucht. Mache niemandem das Leben schwer.

Ralph Waldo Emerson

Der **Mensch** hilft sich selbst am besten.

Johann Wolfgang von Goethe

Denn nicht genug dem **Schwachen** aufzuhelfen, Auch stützen muss man ihn.

William Shakespeare

Beim **Schiffbruch** hilft der Einzelne sich leichter.

Friedrich Schiller

Wer einem hilft, hat allen geholfen.

Karl Heinrich Waggerl

Ein **Wort**, das hilft, ist nie ein schlimmes Wort.

Sophokles

Die Menschen helfen lieber dem, der ihrer **Hilfe** nicht bedarf, als dem, welchem sie nötig ist.

Friedrich Hebbel

Töricht ist es, von den Göttern zu erbitten, was man sich selbst verschaffen kann.

Epikur

Glaub mir, es ist eine königliche Handlung, Gefallenen zu **helfen**.

Ovid

Wer eine **Not** erblickt und wartet, bis er um Hilfe gebeten wird, ist ebenso schlecht, als ob er sie verweigert hätte.

Dante Alighieri

Gemeinschaft, Gesellschaft, Staat

Wir wollen, dass alle Menschen eine einzige **Gemeinschaft** bilden.
Cicero

Wer zur **Gemeinschaft** unfähig ist, der ist es auch zur Freundschaft.
Platon

Man sollte nur den **Umgang** solcher Menschen suchen, denen gegenüber man sich zusammennehmen muss.
Ernst von Feuchtersleben

Die Wahrung des **Gemeinwohles** steht vor der Beachtung des privaten Nutzens.
Justinian

Man kann **schlauer** sein als ein anderer, nicht aber schlauer als alle anderen.
La Rochefoucauld

Solidarität ist etwas anderes als Gefühlsduselei.

Willy Brandt

Die Gesellschaft ist immer **Republik** – die Einzelnen streben immer empor, und die Gesamtheit drängt sie zurück.

Heinrich Heine

Der Mensch ist von Natur ein **Gemeinschaft** bildendes Wesen.

Aristoteles

Es gibt kein größeres **Einzelinteresse**, als die allgemeinen Interessen zu den eigenen zu machen.

Gottfried Wilhelm Leibniz

Das Band der **Gesellschaft** sind Vernunft und Sprache.

Cicero

Immer strebe zum **Ganzen**, und kannst du selber kein Ganzes werden, als dienendes Glied schließ an ein Ganzes dich an!

Friedrich Schiller

Die Gesellschaft hat kein Recht auf unsere **Gedanken**.

Michel de Montaigne

Eine Gemeinschaft ist nicht die Summe von Interessen, sondern die Summe an **Hingabe**.

Antoine de Saint-Exupéry

In der Gesellschaft gibt die **Vernunft** stets als Erste nach.

Jean de La Bruyère

Gesellschaftlich ist kaum etwas so erfolgreich wie **Dummheit** mit guten Manieren.

Voltaire

Eine selbstbewusste Gesellschaft kann viele **Narren** vertragen.

John Steinbeck

Die Gemeinschaft der Mitbürger gibt das Gefühl des **Zuhauseseins**.

Simone Weil

Ein wenig Gesellschaft ist erforderlich, um einem Menschen seine **Fehler** zu zeigen.

Robert Louis Stevenson

Gemeinsame Ehrfurcht und gemeinsame Seelenfreude sind die Grundlagen der echten **Menschengemeinschaft**.
Martin Buber

Man sollte sich immer betrachten als das Kind des ganzen **Menschengeschlechts** und das Haupt frei halten für den hohen Gedanken, dass die Millionen Gestorbener und Lebender mit uns verbunden sind zu einer unauflöslichen Einheit.
Gustav Freytag

Sich selbst **Gesellschaft** leisten.
Novalis

Jeder Mensch ist eine kleine **Gesellschaft**.
Novalis

Sei dir selber ein angenehmer **Gesellschafter**!
Adolph Freiherr von Knigge

Mit rechten **Leuten** wird man was.
Johann Wolfgang von Goethe

Lerne den **Ton** der Gesellschaft anzunehmen, in der du dich befindest. Adolph Freiherr von Knigge

Von der besten Gesellschaft sagt man: Ihr **Gespräch** ist unterrichtend, ihr **Schweigen** bildend.

Johann Wolfgang von Goethe

Wer das Gesellschaftliche anders als **symbolisch** nimmt, geht fehl. Hugo von Hofmannsthal

Schlechte **Gesellschaft** ist viel leichter zu beschreiben als gute. Philipp Stanhope Earl of Chesterfield

Treue und **Glauben** sind der Eckstein der menschlichen Gesellschaft. Johann Gottfried Herder

Die beste Gesellschaft ist die, in welcher die Verwirklichung großer **Wahrheiten** möglich ist. Leo N. Tolstoi

Die Menschen haben keinen aufrechten **Gang**, wenn das gesellschaftliche Leben noch schief liegt.

Ernst Bloch

Ich hasse jede **Gesellschaft**,
die kleiner ist als die menschliche.

Ludwig Börne

Manche Menschen gelten nur deshalb etwas in der Welt, weil ihre **Fehler** die Fehler der Gesellschaft sind.

La Rochefoucauld

Man könnte die Gesellschaft einem **Theater** vergleichen: die Logenplätze setzen einen höheren Eintritt voraus.

Antoine de Rivarol

Geschichte und Gesellschaft: Personen, die in einem Raume beisammen sind, bilden immer eine **Gemeinschaft** gegen Neu-Eintretende.

Otto Weininger

Die Gesellschaft ist ein **Maskenball**, auf dem jeder seinen wahren Charakter verbirgt und ihn durch das Verbergen verrät.

Ralph Waldo Emerson

Um ein tadelloses Mitglied einer **Schafherde** sein zu können, muss man vor allem ein Schaf sein.

Albert Einstein

Die **Menge** ist noch keine Gesellschaft. Francis Bacon

Der Mensch kann in seinem kurzen und gefahrenreichen Leben einen **Sinn** nur finden, wenn er sich dem Dienst an der Gesellschaft widmet. Albert Einstein

Alle **Lumpen** sind gesellig, zum Erbarmen.

Arthur Schopenhauer

Jeder gleicht der **Gesellschaft**, in der er sich meist aufhält. Euripides

Der **Staat** hat aufgehört zu sein, sobald er Eigentum Eines ist. Sophokles

Der **Staat** ist eine kluge Veranstaltung zum Schutze der Individuen gegeneinander. Friedrich Nietzsche

Die Wohltat des **Staates** besteht darin, dass er der Hort des Rechtes ist.
Carl Jacob Burckhardt

Das Schönste an einem freien **Staat** ist, dass keiner zuzuhören braucht, wenn ihm die Lust dazu fehlt.
Ambrose Bierce

Alles hat in der Welt seinen gewissen **Zeitpunkt**. Ein Staat wächst, bis er diesen erreicht hat.
Gotthold Ephraim Lessing

Der Staat beruht so wenig auf einem **Vertrag** als der Mensch.
Friedrich Hebbel

Immerhin hat das den Staat zur **Hölle** gemacht, dass ihn der Mensch zu seinem **Himmel** machen wollte.
Friedrich Hölderlin

Es ist die erste und heiligste **Pflicht** des Staates, dass er die Menschen zu eigentlichen Menschen mache.
Adalbert Stifter

Der **Staat** gleicht dem Glase: Das dickste zerspringt am leichtesten in Hitze oder Kälte.

Jean Paul

Die Grundlage eines jeden Staates ist die **Ausbildung** seiner Jugend.

Diogenes

Der Staat ist heute **jedermann**, und jedermann kümmert sich um niemanden.

Honoré de Balzac

Die Krone des **Seelenfriedens** ist unvergleichlich wertvoller als leitende Stellungen im Staate.

Epikur

Denn wenn ein Staat stürzt, so stürzen auch seine **Gesetze**.

Martin Luther

Das Recht ist die **Ordnung** der staatlichen Gemeinschaft, und es entscheidet über das, was gerecht ist.

Aristoteles

Der Staat muss einem jeden erlauben, wovon er **leben** will, weil nur er übersehen kann, ob er davon werde leben können. Johann Gottlieb Fichte

Bei allen **Staatsangelegenheiten** ist da der Ruhm, wo der Nutzen ist. Voltaire

Ein Staat kennt keinen anderen **Vorteil**, als den er nach Prozenten berechnen kann. Heinrich von Kleist

Der **Staat** ist ein Naturprodukt, und der Mensch ist von Natur ein politisches Wesen. Aristoteles

Das ist ja kein Staat, welcher einem **Mann** gehört.
Sophokles

Kein Staat soll sich in die **Verfassung** eines andern Staats gewalttätig einmischen. Immanuel Kant

Dem **König** gehört nicht der Staat, sondern dem Staat der König.

Seneca

Unser Ziel beim Aufbau eines Staates ist das größtmögliche **Glück** des Ganzen, nicht das einer bestimmten Klasse.

Platon

Es gibt nicht zwei Arten von **Anständigkeit**, und was ein anständiger Mensch nicht darf, das darf auch ein anständiger Staat nicht.

Theodor Fontane

Das öffentliche Wohl soll das oberste **Gesetz** sein.

Cicero

Wer im eignen Hause sich als rechter **Herr** bewährte,
wohl erscheint er auch im Staat gerecht.

Sophokles

Nichts gereicht dem Staat mehr zum **Schaden**, als dass die Schlauen für klug gelten.

Francis Bacon

Ein Staat ist eine Vereinigung einer Menge von Menschen unter **Rechtsgesetzen**. Immanuel Kant

Staat – ein **Volk**, das sich selbst beherrscht.

Immanuel Kant

Das größte Bedürfnis eines Staats ist eine mutige **Obrigkeit**. Johann Wolfgang von Goethe

Die für die Staaten notwendigen **Veränderungen** vollziehen sich fast immer von selbst. Vauvenargues

Zwischen Staaten gibt es keine Freundschaft, sondern nur **Allianzen**. Charles de Gaulle

Jede verfassungsmäßige **Autorität** soll ihre Weite und ihre Grenzen lieben. Joseph Joubert

Geld und Besitz

Geld ist ein guter **Diener**, aber ein schlechter Herr.

Francis Bacon

Geld gleicht dem **Dünger**, der wertlos ist, wenn man ihn nicht ausbreitet.

Francis Bacon

Geld: eine **Wohltat**, die wir genießen, indem wir uns von ihr trennen.

Ambrose Bierce

Geld ist der sechste Sinn. Ohne ihn kann man mit den anderen fünf nicht viel anfangen.

William Somerset Maugham

Wer den Daumen auf dem Beutel hat, hat die **Macht**.

Otto von Bismarck

Erfolge bringen Erfolg hervor, genau wie **Geld** das Geld vermehrt.

Nicolas Chamfort

Geld ist geprägte **Freiheit**. F. M. Dostojewski

Sparsamkeit ist eine gute Einnahme. Cicero

Keine **Festung** ist so stark, dass Geld sie nicht einnehmen kann. Cicero

Geld kostet oft zu viel. Ralph Waldo Emerson

Wo viel Geld ist, geht immer ein **Gespenst** um.
Theodor Fontane

Der oberste Zweck des Kapitals ist nicht, mehr **Geld** zu schaffen, sondern zu bewirken, dass das Geld sich in den Dienst der Verbesserung des Lebens stellt.
Henry Ford

Reich wird einer nicht durch das, was er verdient, sondern durch das, was er nicht ausgibt. Henry Ford

Ein **Geschäft**, das nichts als Geld verdient, ist ein schlechtes Geschäft. Henry Ford

Geld macht nicht **glücklich**. Aber wenn man unglücklich ist, ist es schöner, in einem Taxi zu weinen als in einer Straßenbahn. Marcel Reich-Ranicki

Hüte dich auch vor geringsten **Ausgaben**. Ein kleines Loch kann ein großes Schiff versenken.

Benjamin Franklin

Wer der Meinung ist, dass man für **Geld** alles haben kann, gerät leicht in den Verdacht, dass er für Geld alles tun würde. Benjamin Franklin

Ist das nötige Geld vorhanden, ist das **Ende** meistens gut. Bertolt Brecht

Über **Geld** spricht man nicht – man hat es.

Jean Paul Getty

Wenn man weiß, wie viel **Geld** man hat, ist man kein reicher Mann.

Jean Paul Getty

Ein gesunder Mensch ohne Geld ist halb **krank**.

Johann Wolfgang von Goethe

Geld ist eine Sache, deren **Gebrauch** nur dadurch möglich ist, dass man sie veräußert.

Immanuel Kant

Die **Medizin**: Geld her und Leben!

Karl Kraus

Geld ist das **Brecheisen** der Macht.

Friedrich Nietzsche

Es stimmt, dass Geld nicht **glücklich** macht. Allerdings meint man damit das Geld der anderen.

George Bernard Shaw

Geld ist nichts. Aber viel Geld, das ist etwas anderes.

George Bernard Shaw

Als ich klein war, glaubte ich, **Geld** sei das wichtigste im Leben. Heute, da ich alt bin, weiß ich: Es stimmt.

Oscar Wilde

Je mehr Geld man hat, desto mehr **Leute** lernt man kennen, mit denen einen nichts mehr verbindet außer Geld.

Tennessee Williams

Du musst **Geld** ausgeben, wenn du Geld verdienen willst.

Plautus

Dem wachsenden Geld folgt die **Sorge**.

Horaz

Wenn einer Geld hat, darf er **dumm** sein, wie er will.

Ovid

Wo Geld vorangeht, sind alle **Wege** offen.

William Shakespeare

Geld hat die Eigenschaft, anderes Geld anzuziehen.

Benjamin Franklin

Geld macht bekanntlich nicht **glücklich**, ist aber auch keine Voraussetzung für Unglück.

Georg Christoph Lichtenberg

Wenn man in der **Liebe Geld** teilt, mehrt man die Liebe; wenn man Geld schenkt, tötet man sie. Stendhal

Die richtige **Einstellung** dem Geld gegenüber ist die einer begehrlichen Verachtung. Henry Miller

Der moderne Mensch betrachtet **Geld** als ein Mittel, zu mehr Geld zu kommen. Bertrand Russel

Das Geld gleicht dem **Seewasser**: Je mehr davon getrunken wird, desto durstiger wird man.

Arthur Schopenhauer

Die **Phönizier** haben das Geld erfunden – aber warum so wenig? Johann Nestroy

Es ist besser, ein dauerhaftes **Einkommen** zu haben, als faszinierend zu sein. Oscar Wilde

Geld ist wie ein **Arm** oder ein **Bein** – benutze es oder verliere es. Henry Ford

An sich ist es ja gleichgültig, ob man sein **Geld** spart oder ausgibt; gut oder schlecht kann nur genannt werden, was wir damit wollen. Michel de Montaigne

Das Geld ist wie ein krankes **Kind** – man muss alles tun, um es durchzubringen. Joachim Ringelnatz

Dem Geld darf man nicht **nachlaufen**. Man muss ihm entgegengehen. Aristoteles Onassis

Denn das Geld ist das Element und das **Ziel** des Umsatzes. Aristoteles

Geld und Sexualität sind die reellen **Mysterien** des Lebens. Peter Altenberg

Geld ist **kurzlebig**. Knut Hamsun

Im Ganzen ist es mühevoller, **Geld** zu hüten als es zu verdienen. Michel de Montaigne

Vielleicht verdirbt Geld den **Charakter**. Auf keinen Fall aber macht Mangel an Geld ihn besser. John Steinbeck

Geld ist die reinste Form des **Werkzeugs**. Georg Simmel

Der **Geist** denkt, das Geld lenkt. Oswald Spengler

Nur Leute, die ihre **Rechnungen** bezahlen, brauchen Geld, und ich bezahle meine nie. Oscar Wilde

Geldleute lesen gründlicher als Bücherliebhaber. Sie wissen besser, was für Nachteile aus flüchtiger Lektüre entstehen. Bertolt Brecht

Verfüge nie über **Geld**, ehe du es hast. Thomas Jefferson

Wenn man immer so durchkäme, brauchte man überhaupt kein **Geld**. Franziska Gräfin zu Reventlow

Wer das Geld bringt, kann die **Ware** nach seinem Sinn verlangen. Johann Wolfgang von Goethe

Alles, was uns wirklich nützt, ist für wenig Geld zu haben. Nur das **Überflüssige** kostet viel. Axel Munthe

Das Geld ist hin – und mit ihm auch die **Sinnlichkeit**. Bertolt Brecht

Dreierlei Menschen haben kein Geld: die **Verschwender**, die **Armen** und die **Geizigen**. Peter Altenberg

Es ist das Geld, das auf **Ideen** bringt. Federico Fellini

Das Geld ist eines der großartigsten Werkzeuge der **Freiheit**, die der Mensch erfunden hat.

Friedrich August von Hayek

Geld ist das wichtigste Ding auf der Welt.

George Bernard Shaw

Um **klug** genug zu sein, viel Geld zusammenzuraffen, muss man erst einmal **dumm** genug sein, es haben zu wollen.

Gilbert Keith Chesterton

Für **Verschwender** ist das Geld rund, für **Sparsame** flach.

Honoré de Balzac

Zeit ist **Geld**.

Benjamin Franklin

Vielleicht liegt die beste Eigenschaft des Geldes darin, dass man damit **Freude** bereiten kann. Aber nur die wenigsten nützen das aus.

Pearl S. Buck

Der Mann, der das **Geldproblem** löst, hat für die Menschheit mehr getan als die Feldherren aller Zeiten.

Henry Ford

Reichtümer sind zum Ausgeben da. Francis Bacon

Jeder pflegt, wo es auf Güter ankommt, doch immer mit seinen **Wünschen** sich selbst der Nächste zu sein.

Aristoteles

Ich bin das Einzige in meinem Haus, das ich mein **Eigen** nennen kann. Terenz

Niemand weiß, wie lange er es hat, was er ruhig besitzet.

Johann Wolfgang von Goethe

Wie **ungerecht** ist es, dass die, die weniger haben, immer zum Besitz derer hinzufügen, die mehr haben.

Terenz

Glücklich – die Besitzenden! Horaz

Der **Besitz** besitzt, er macht die Menschen kaum unabhängiger. Friedrich Nietzsche

Tausend **Reden** übertrifft an Macht das Geld. Euripides

Weise ist der Mensch, der nicht den Dingen nachtrauert, die er nicht besitzt, sondern sich der Dinge erfreut, die er hat. Epiktet

Erfreue dich deines **Besitzes**, als würdest du morgen sterben, jedoch gebrauche ihn mit Maß, als lebtest du lange. Lukian

Man soll weder annehmen, noch besitzen, was man nicht wirklich zum **Leben** braucht. Mahatma Gandhi

Es gibt kein **Gut**, das wirklich unser ist. Francis Bacon

Nur durch **Eifersucht** auf den Besitz erhält man die Besitztümer. Johann Wolfgang von Goethe

Die **Erde** gehört dem, der sie einnehmen und erhalten kann.
Christina von Schweden

Der Besitz ist das Subsumiertsein einer Sache unter meinen **Willen**. Georg Wilhelm Friedrich Hegel

Hüte dich, alles, was du besitzt, als dein **Eigentum** zu betrachten und dementsprechend zu leben.
Benjamin Franklin

Nur halb ist der Verlust des schönsten Glücks, wenn wir auf den **Besitz** nicht sicher zählten.
Johann Wolfgang von Goethe

Sei im **Besitz** und du wohnst im Recht!
Friedrich Schiller

Manche Menschen achten die **Güter**, die sie nicht haben, gering; andere achten im Gegensatz dazu nur die gering, die sie haben. Die letzteren sind edler und unglücklicher. Arthur Schopenhauer

Es gibt keinen Besitz, der **Nachlässigkeit** vertrüge.
Thomas Mann

Jede Mehrung deines Besitzes verwende nicht für dich selbst, sondern für die **Gesellschaft**. Leo N. Tolstoi

Man liebt den, der unsere eigenen **Güter** schützt, immer weit weniger als denjenigen, der uns fremde Güter verspricht. Heinrich Heine

Da der **Besitz** nur kraft der bloßen Tatsache des Besitzers existiert, so hat ein jeder, so wie er nur auf die Welt kommt, Recht auf irgendeinen Besitz.
Honoré de Balzac

Des Denkers einziger Besitztum sind die **Gedanken**, die aus ihm selbst entspringen.

Johann Wolfgang von Goethe

Nichts sollte imstande sein, uns zu **berauben**, denn wir besitzen in Wirklichkeit nichts als das, was wir in uns haben.

Oscar Wilde

Ich glaube, dass jedes Recht eine Verantwortung, jede Gelegenheit eine Aufgabe und jeder Besitz eine **Verpflichtung** auferlegt.

John Davison Rockefeller

Genug ist Überfluss für den **Weisen**.

Euripides

Nicht leicht zu hüten ist des Gartens reife **Frucht**.

Aischylos

Was du wirklich besitzt, das wurde dir **geschenkt**.

Marie von Ebner-Eschenbach

Ich trage alles **Meinige** bei mir. Cicero

Die Menschen irren sich. Man hat nur **Freude** an dem, was einem nicht gehört. Alles Übrige ist Last.

Wilhelm Raabe

Durch **Liebe** wird erst etwas zum Besitz.

Johann Wolfgang von Goethe

Sorge dafür, das zu **haben**, was du liebst, oder du wirst gezwungen werden, das zu **lieben**, was du hast.

George Bernard Shaw

Der Besitz verschafft **Freunde**, das gebe ich zu, aber falsche, und er verschafft sie nicht dir, sondern sich.

Erasmus von Rotterdam

Wer **genug** hat, hat zuviel. Karl Heinrich Waggerl

Besitz ist die Voraussetzung für **Kultur**.

Gustav Freytag

Nur wer **Geist** hat, sollte **Besitz** haben, sonst ist der Besitz gemeingefährlich. Friedrich Nietzsche

Prüfe, ob du lieber dich oder etwas von deinem **Besitz** aufgeben willst. Seneca

Nur was ich selbst hervorgebracht und immer wieder aufs Neue mir erwerbe, ist für mich **Besitz**.
Friedrich Schleiermacher

Der Besitz erzeugt nicht nur **Pflichten**, er schafft so viele, dass eine Fülle davon Qual ist. Oscar Wilde

Die Beharrlichkeit auf den Besitz gibt uns in manchen Fällen die größte **Energie**. Johann Wolfgang von Goethe

Die Menschen glauben, nur dann ihren **Besitz** sicher zu haben, wenn sie von anderen etwas hinzu erwerben.
Niccoló Machiavelli

Reich ist man nicht durch das, was man besitzt, sondern durch das, was man mit Würde zu entbehren weiß, und es könnte sein, dass die Menschheit reicher würde, indem sie ärmer wird, und gewinnt, indem sie verliert. Immanuel Kant

Die wahre **Vollendung** des Menschen liegt nicht in dem, was er besitzt, sondern was er ist. Oscar Wilde

Kein Gut hilft dem Besitzer, wenn nicht auf dessen **Verlust** vorbereitet ist die Seele. Seneca

Denn **festhalten** müssen wir, was wir uns selbst erworben haben. Heinrich von Kleist

Der vollkommene Besitz beweist sich nur durch das **Geschenk**. Alles, was du nicht zu geben weißt, besitzt dich. André Gide

Eigentum ist eine Frucht von Arbeit. Eigentum ist wünschenswert, ein positives Gut in der Welt. Dass einige reich sind, zeigt, dass andere reich werden können, und das ist wiederum eine Ermutigung für Fleiß und Unternehmensgeist.
Abraham Lincoln

Besitz findet **Freunde**.
Plautus

Die erste Erfordernis ist, dass man in dem, was man besitzt, sachverständig ist, dass man weiß, was am meisten **Nutzen** bringt und wo und wie dies der Fall ist.
Aristoteles

Wahrheit ist unser kostbarster Besitz. Lasst uns sparsam mit ihr umgehen.
Mark Twain

Was man nicht versteht, besitzt man nicht.
Johann Wolfgang von Goethe

Glück und Leid

Es gibt kein **Glück**, das nur sich selber leuchtet. Ein jedes Glück erhellt die Welt. Hans Margolius

Alle **Beschränkung** beglückt. Arthur Schopenhauer

Alle Gelegenheit, glücklich zu werden, hilft nichts, wer den **Verstand** nicht hat, sie zu nutzen.

Johann Peter Hebel

Es kann unterhaltend sein, sein Glück zu machen: Man ist stets voller **Hoffnung**. Montesquieu

Alle Menschen versuchen **glücklich** zu sein; darin gibt es keine Ausnahmen, wie verschieden die Mittel auch sind, die sie anwenden. Blaise Pascal

Arkadisch frei sei unser **Glück**!

Johann Wolfgang von Goethe

Das **Glück**, das heißt, getröstet zu sein.

Henri-Frédéric Amiel

Auch in ein neues **Glück** muss man sich schicken lernen.

Marie von Ebner-Eschenbach

Das beste aller Glücksgüter ist die **Ruhe**, die Zurückgezogenheit, ein Plätzchen, das man sein Eigen nennen darf.

Jean de La Bruyère

Es gibt vielerlei Gründe, vielerlei Arten von **Glück**. Aber jedes Glück bedarf geliebter Menschen, mit denen wir es teilen können, um ganz zu beglücken.

Hans Margolius

Vielleicht kann man **glücklich** sein, wenn man es sein will, und ich hab' einmal gelesen, man könne das Glück auch lernen.

Theodor Fontane

Glück ist **Selbstgenügsamkeit**.

Aristoteles

Behalte dein **Glück** stillschweigend für dich und erfreue dich daran. Plautus

Besser wäre es, niemals **glücklich** zu sein, als das Glück zu kosten, um es zu verlieren. Jean-Jacques Rousseau

Bin ich jemals glücklich, außer wenn ich **Schwierigkeiten** zu überwinden habe? Katherine Mansfield

Glücklich zu leben wünscht jedermann; aber die Grundlagen des Glücks erkennt fast niemand. Seneca

Glück: – ein **Tag**, an dem man nicht vor die eigene Tür zu treten braucht. Johannes Gross

Gut sein ist Glück. Marie von Ebner-Eschenbach

Unerträglich das Glück, das man allein genießen müsste.
André Gide

Die **Wunschlosigkeit** glücklicher Menschen kommt von der Ruhe, die das Glück ihnen geschenkt hat.

La Rochefoucauld

Wer **glücklich** ist, kann glücklich machen.
Wer's tut, vermehrt sein eignes Glück.

Johann Ludwig Wilhelm Gleim

Bescheidenheit ist eine Art von Zufriedenheit und eine der Wurzeln jeden Glücks. Wer sich nicht irgendwie zu bescheiden weiß, kann niemals glücklich sein.

Hans Margolius

Das **Glück** folgt meist denen, die es fliehen, und flieht die, die ihm folgen.

Erasmus von Rotterdam

Das **Glück** gibt vielen zu viel, aber keinem genug.

Martial

Viele suchen ihr Glück, wie sie einen **Hut** suchen, den sie auf dem Kopfe tragen.

Nikolaus Lenau

Das Glück im Leben hängt von den guten **Gedanken** ab, die man hat.

Mark Aurel

Nirgendwo steht geschrieben, dass ein Volk von **Autofahrern** im Schritttempo glücklicher sein müsste als Menschen, die mit der U-Bahn zur Arbeit fahren und am Wochenende wandern.

Willy Brandt

Allein ist der Mensch ein unvollkommenes Ding, er muss einen Zweiten finden, um glücklich zu sein.

Blaise Pascal

Wünsche können nur sein, wo Hoffnungen sind. In jedem Wünschen ist schon ein Schimmer von Glück.

Hans Margolius

Denn es bleibt immer ein sehr wahrhafter Ausspruch, dass das **Glück** nur im Menschen selbst liegt.

Wilhelm von Humboldt

Das verdammte Glück! Ohne das kann man nicht einmal **Spitzbube** sein. Gotthold Ephraim Lessing

In jedem **Lächeln**, das einem Menschen gelingt, ist ein Jasagen zum Leben, ein Annehmen der Welt.

Hans Margolius

Die Menschen streben nach **Glück**, sie wollen glücklich werden und so bleiben. Sigmund Freud

Das **Glück** ist mehr auf der Seite des Angreifers als auf der desjenigen, der sich verteidigt. Niccoló Machiavelli

Das **Glück** kann nicht, wie ein mathematischer Lehrsatz, bewiesen werden, es muss empfunden werden, wenn es da sein soll. Heinrich von Kleist

Schweigen ist die wesentliche Bedingung des Glücks.

Heinrich Heine

Das Glück des **Optimisten** ist Vertrauen zum Leben.

Hans Margolius

Das Glück liegt in uns, nicht in den **Dingen**.

La Rochefoucauld

Sammler sind glückliche Menschen.

Johann Wolfgang von Goethe

Gerade zum **Glück** hat man ein zweites Wesen nötig, dem man es verdankt.

Johann Nestroy

Das Glück liegt woanders als in aufgetürmten **Fünftalerscheinen**.

Theodor Fontane

Was ein Mensch zuwege bringt – was einem Menschen gelungen ist – das eröffnet zugleich allen anderen die Aussicht auf gleiches Gelingen. Jedes Glück von gestern und heute ist eine **Hoffnung** für morgen.

Hans Margolius

Das **Glück** tut's nicht allein, sondern der Sinn, der das Glück herbeiruft, um es zu regeln.

Johann Wolfgang von Goethe

Das beste Mittel, das **Glück** zu verpassen, besteht darin, es zu suchen. Es ist nicht das Ziel des Lebens, sondern ein Nebenprodukt. Paul Claudel

Man versucht sein **Glück** gewöhnlich mit Talenten, die man nicht hat. Vauvenargues

Nur der **Dankbare** weiß die Güter des Lebens zu schätzen. Nur der, der die Güter des Lebens zu schätzen weiß, genießt sie ganz. Hans Margolius

Alle großen Menschen der Weltgeschichte suchten das Glück; sie fanden aber nur den **Ruhm** und nicht das Glück. Napoleon I.

Das **Glück** will gepflegt sein. Vauvenargues

Glücklich zu leben ist der **Wunsch** aller Menschen.

Seneca

Der Mensch ist ein zielstrebiges Wesen: Er sucht das **Glück**.

Manès Sperber

Das höchste Glück des Menschen ist die **Befreiung** von der Furcht.

Walther Rathenau

Das **Leben**, es mag sein, wie es will, ist ein Glück, das von keinem andern übertroffen wird.

Leo N. Tolstoi

Wir alle suchen das Glück, wissen aber nicht, wo es ist – wie ein Betrunkener, der sein **Haus** sucht und sich nur dunkel erinnert, dass er eines hat.

Voltaire

Das mühsam erlangte **Glück** wird doppelt genossen.

Baltasar Gracián y Morales

Sich **glücklich** fühlen können ohne Glück – das ist Glück.

Marie von Ebner-Eschenbach

Glück ist etwas, das in vielerlei Form kommt, und wer kann es erkennen? Ernest Hemingway

Das **Überraschende** macht Glück. Friedrich Schiller

Wenn einem die 720 Minuten eines zwölfstündigen Tages ohne besonderen Ärger vergehen, so lässt sich von einem Tage unter einem glücklichen **Stern** sprechen. Theodor Fontane

Das wahre Glück wäre, sich an die **Gegenwart** zu erinnern. Jules Renard

Glück heißt, es suchen. Jules Renard

Die große und einzige **Lebensfrage**, um die man sich kümmern sollte, ist: glücklich zu leben. Voltaire

Er ging seinen **Weg**; immer. Das ist fast die Definition irdischen Glücks. Egon Friedell

Dass andere **Leute** kein Glück haben, finden wir sehr leicht natürlich, dass wir selbst keines haben, immer unfassbar. Marie von Ebner-Eschenbach

Dauerndes Glück ist **Langeweile**. Oswald Spengler

Tiefes Glück ist Gegenwart ohne **Denken**.
Oswald Spengler

Das Vergleichen ist das Ende des Glücks und der Anfang der **Unzufriedenheit**. Sören Kierkegaard

Den **Wagemutigen** hilft das Glück. Vergil

Denn das Glück ist wohl hauptsächlich **Frieden**. Weniger Arbeit und weniger Luxus. August Strindberg

Der Anblick eines wahrhaft Glücklichen macht **glücklich**.
Johann Wolfgang von Goethe

Wie jede Liebe nach Gegenliebe verlangt, so verlangt jedes Leben nach **Glück**. Und solange es – in einer großen Liebe, in einem Ideal, in einer Aufgabe, einer Arbeit, einer Gemeinschaft, einem Werk – dies ihm bestimmte Glück noch nicht gefunden hat, solange ist es noch nicht: ein wahres, ein ganzes Leben.

Hans Margolius

Mancher macht sein **Glück**. Aber macht ihn das glücklich?

Ludwig Börne

Es beruhen neun Zehntel unseres Glücks allein auf der **Gesundheit**.

Arthur Schopenhauer

Wenn wir **glücklich** werden wollten, wäre das einfach, aber wir wollen glücklicher werden als andere, und das ist schwer, denn wir halten sie für glücklicher, als sie sind.

Montesquieu

Der ist **beglückt**, der sein darf, was er ist.

Friedrich von Hagedorn

Was ist Glück? Dass man gut geschlafen hat und dass einen die neuen **Stiefel** nicht drücken. Theodor Fontane

Das Glück des Lebens besteht nicht in einzelnen zuckenden Blitzen – tausend Blitze machen noch keinen Tag –, sondern in reiner, steter, milder **Heiterkeit**.

Jean Paul

Der **Mensch** ist von Natur aus ehrgeizig und misstrauisch und weiß sich im Glück nicht zu mäßigen.

Niccoló Machiavelli

Niemals wirst du **glücklich** sein, wenn es dich quält, dass ein anderer glücklich ist. Seneca

Morgen: der Tag der guten Taten und eines erneuerten Lebens. Der Beginn der **Glückseligkeit**.

Ambrose Bierce

Glück ist der **Stuhl**, der plötzlich dasteht, wenn man sich zwischen zwei andere setzen wollte.

George Bernard Shaw

Einer sei jung, schön, reich und geehrt, so fragt sich, wenn man sein **Glück** beurteilen will, ob er dabei heiter sei. Ist er hingegen heiter, so ist es einerlei, ob er jung oder alt, gerade oder bucklig, arm oder reich sei, er ist glücklich. Arthur Schopenhauer

Selbst in tiefem **Elend** kann doch ein Glück sich entfalten: wenn nur von irgendwoher ein Hauch der Liebe kommt, von irgendwoher ein Same des Glücks auf steinigem Grunde Wurzel schlägt. Hans Margolius

Man gewöhnt sich allmählich an eine neue Einsicht in das Wesen des „Glücks". Glück ist dann anzunehmen, wenn das **Schicksal** nicht alle seine Drohungen gleich verwirklicht. Sigmund Freud

Des Menschen Glück ist nicht an seine Kraft, sondern an seine **Laune** geknüpft. Friedrich Hebbel

Der **Glückliche** ist mit sich und seiner Umgebung einig. Oscar Wilde

Man soll dort bleiben, wo man sich glücklich fühlt. Glück ist ein transportempfindliches **Möbelstück**.

William Somerset Maugham

Das **Geheimnis** des Glücks liegt darin, gerne zu tun, was man ohnehin tun muss. Aldous Huxley

Es gibt zwei **Wege** zum Glück: sich so hoch erheben, dass einem die Welt kleinwitzig erscheint, oder sich niederlassen in eine tiefe Furche, wo einem jeder Grashalm unserer Umgebung als etwas Großes erscheint.

Johann Nestroy

Alles, was die **Seele** durcheinanderrüttelt, ist Glück.

Arthur Schnitzler

Wem es nicht ein Bedürfnis geworden ist, **glücklich** zu sein, der wird es niemals werden. Karl Gutzkow

Fast alles begehren wir als Mittel, ausgenommen die **Glückseligkeit**. Jedes Lachen vermehrt das Glück auf Erden. Jonathan Swift

Das **Geheimnis** des Glücks besteht darin: zu leben wie alle Welt und doch wie kein anderer zu sein.

Simone de Beauvoir

Besonders überwiegt die **Gesundheit** alle äußeren Güter so sehr, dass wahrscheinlich ein gesunder Bettler glücklicher ist als ein kranker König.

Arthur Schopenhauer

Das höchste **Gut** ist das Glück,
das höchste **Übel** das Unglück.

Epikur

Glücklich sein heißt ohne **Schrecken** seiner selbst innewerden können.

Walter Benjamin

Nicht nach der Länge seines Arms: nach der Länge seines Auges muss der Mensch sein **Glück** messen.

Friedrich Hebbel

Wer dick und faul, hat selten **Glück**.

Wilhelm Busch

Du bist zu schnell gerannt für das **Glück**. Jetzt, wo du müde bist, holt das Glück dich ein. Friedrich Nietzsche

Hat einer vor glücklich zu sein, dann muss er sich verschaffen, was **Dauer** hat, was kein Schicksalssturm ihm rauben kann. Augustinus

Wer ständig **glücklich** sein möchte, muss sich oft verändern. Konfuzius

Ein **Tropfen** Glück ist mehr als ein Fass Geist.
Diogenes

In der Verachtung des **Ehrgeizes** begegnen wir einem der Prinzipien des Glücks dieser Erde.
Edgar Allan Poe

Das ist groß und schön, von Kleinem **glücklich** zu werden.
Jeremias Gotthelf

Kein Sterblicher fühlt an des Glückes **Genuss** sich gesättigt.
Aischylos

Wir wissen, dass ein Glück, das wir der **Lüge** verdanken, kein wahres Glück ist.
Heinrich Heine

Glücklich sein und andere glücklich machen, sonst hast du auf Erden nichts zu tun.
Peter Rosegger

Das Wenigste gerade, das Leiseste, das Leichteste, einer Eidechse Rascheln, ein Hauch, ein Husch, ein Augenblick – wenig macht die Art des besten **Glücks**.
Friedrich Nietzsche

Kein **Mensch** von allen ist auf Erden stets beglückt.
Euripides

Glück hat auf die Dauer nur der **Tüchtige**.
Helmuth von Moltke

Das Glück gehört denen, die sich selber **genügen**.

Aristoteles

Das **Bewusstsein** eines wohl verbrachten Lebens und die **Erinnerung** vieler guter Taten sind das größte Glück auf Erden.

Cicero

Wenn die Menschen Glück **kaufen** könnten, würden sie es bestimmt eine Nummer zu groß wählen.

Pearl S. Buck

Schöner selbst als der vollste Besitz ist die **Erwartung** des Glücks.

Emanuel Geibel

Schlaf ist das einzige Glück, das man erst recht genießt, wenn es vorbei ist.

Alfred Polgar

Was ist das höchste **Glück** des Menschen, als dass wir das ausführen, was wir als recht und gut einsehen?

Johann Wolfgang von Goethe

Es gibt zwei **Wege**, um glücklich zu werden: Wir müssen entweder unsere Wünsche reduzieren oder unsere Mittel vergrößern, beide sind gleich geeignet. Das Resultat ist jeweils dasselbe. Jedermann muss sich selbst entscheiden und das tun, was ihm leichter fällt.

Benjamin Franklin

Ein glückliches Leben besteht in erster Linie aus **Freiheit** von Sorgen.

Cicero

Solange du glücklich bist, wirst du viele **Freunde** zählen.

Ovid

Glücklich ist nicht, wer anderen so vorkommt, sondern wer sich selbst dafür hält.

Seneca

Ein glücklicher Mensch ist seltener als eine weiße **Krähe**.

Juvenal

Wenn das **Glück** die Menschen verlässt, so verlässt sie alles.

Christina von Schweden

Glück wird vom **Magen** hervorgerufen. Voltaire

Das vollkommene **Glück** ist unbekannt;
für den Menschen ist es nicht geschaffen. Voltaire

Das **Glück** verbessern. Gotthold Ephraim Lessing

Ich wäre heute nicht so **glücklich**, wenn ich gestern nicht so unglücklich gewesen wäre.

Johann Heinrich Pestalozzi

Die schönen Tage sind das Privileg der **Reichen**, aber die schönen Nächte sind das Monopol der **Glücklichen**. Johann Nestroy

Jeder **Frühlings-Sonnentag** schließt nur für ein paar Menschen, die imstande sind, ihn zu genießen, unter Millionen, die nicht dazu imstande sind, das Glück der Erde und also den Himmel auf. Wilhelm Raabe

Das höchste Glück ist das, welches unsere **Mängel** verbessert und unsere **Fehler** ausgleicht.

Johann Wolfgang von Goethe

Wer die **Befriedigung** des Schaffens einmal erfahren hat, für den sind alle anderen Befriedigungen nicht mehr vorhanden.

Anton P. Tschechow

Es gibt kein Glück ohne den **Glauben**, dass wir es auch verdienen.

Joseph Joubert

Glück ist **Talent** für das Schicksal.

Novalis

Wer zum Glück der Welt beitragen möchte, der sorge zunächst für eine glückliche Atmosphäre in seinem eigenen **Haus**.

Albert Schweitzer

Glück heißt, seine **Grenzen** kennen und sie lieben.

Romain Rolland

Wenn du etwas **Glück** dein eigen nennst, verheimliche es!
Saul Bellow

Wer das Glück genießen will, muss es teilen, denn es wurde als **Zwilling** geboren.
Lord Byron

Ganz glücklich, in der Gegenwart, hat sich noch kein Mensch gefühlt – er wäre denn **betrunken** gewesen.
Arthur Schopenhauer

Kannst du das Glück nicht fassen, so lerne, es zu **entbehren**.
Franz Grillparzer

Glück besteht aus einem soliden Bankkonto, einer guten Köchin und einer tadellosen Verdauung.
Jean-Jacques Rousseau

Das wäre ja nichts Rechtes, wenn man schon wüsste, wo das **Glück** liegt, und nur hingehen dürfte, um es aufzuheben.
Adalbert Stifter

Nimmt man einem Durchschnittsmenschen die **Lebenslüge** – und raubt man ihm zugleich das Glück.

Henrik Ibsen

Nicht das, was wir sind und haben, bestimmt unser **Glück**, sondern das, was wir glauben zu sein und zu haben.

Peter Rosegger

Es gibt kein Glück ohne Müßiggang, und nur das Nutzlose bereitet **Vergnügen**.

Anton P. Tschechow

Zum Glück gehört ein starker und guter **Menschenschlag**.

August Strindberg

Der Mensch ist gerade so **glücklich**, wie er sich zu sein entschließt.

Abraham Lincoln

Die Absicht, dass der Mensch glücklich sei, ist im Plan der **Schöpfung** nicht enthalten.

Sigmund Freud

Die schlimmste Art, ein **Glück** zu versäumen, ist, es nicht glauben, da man es erlebt. Arthur Schnitzler

Zum **Trost**: Glück strengt genauso an wie Unglück.
Robert Musil

Gott, was für ein Glück! Eine **Grießsuppe**, eine **Schlafstelle** und keine körperlichen **Schmerzen** – das ist schon viel. Theodor Fontane

Gibt's kein **Paradies**, gibt's doch Paradiese!
Friedrich von Bodenstedt

Glück ist, seinen Anlagen gemäß verbraucht zu werden.
Frank Wedekind

Das höchste Glück des Lebens besteht in der **Überzeugung**, geliebt zu sein. Victor Hugo

Formel meines Glücks: Ein Ja, ein Nein, eine gerade Linie, ein **Ziel**. Friedrich Nietzsche

Glück und Unglück sind zwei **Zustände**, deren äußerste Grenze wir nicht kennen. John Locke

Glück ist ein Zustand der völligen persönlichen **Freiheit** und damit der völligen Identität mit sich selbst.

Johannes Mario Simmel

Welch ein Glück, dass es die einfachen **Dinge** immer noch gibt, immer noch Felder und rauschende Bäume und den Mond am Himmel, so hoch aufgehängt, dass ihn niemand den Nachbarn zum Trotz herunterschießen kann. Karl Heinrich Waggerl

Glück – das ist vor allem das stille, frohe, sichere Bewusstsein der **Schuldlosigkeit**. Henrik Ibsen

Wenn du die Menschen glücklich machen willst, dann beschenke sie nicht, sondern nimm ihnen einige ihrer **Wünsche**. Epikur

Das schönste **Gefühl** auf dieser Erde: nicht mehr nötig zu sein. Nicht mehr gebraucht zu werden.

Wilhelm Raabe

Das Glück des Menschen beruht darauf, dass es für ihn eine undiskutierbare **Wahrheit** gibt.

Friedrich Nietzsche

Ein heiterer Mensch verbreitet gute **Laune** um sich, und wenn er in ein Zimmer kommt, ist es, als sei ein Licht angezündet worden.

Robert Louis Stevenson

Keinen verderben lassen, auch nicht sich selber, jeden mit **Glück** erfüllen, auch sich. Das ist gut.

Bertolt Brecht

Nur die ungebildete **Seele** an uns ist es, von der her wir glücklich sind.

Johann Wolfgang von Goethe

Wer glücklich war, der wiederholt sein Glück
im **Schmerz**.

Johann Wolfgang von Goethe

Für den **Mittelmäßigen** ist mittelmäßig sein ein Glück.

Friedrich Nietzsche

Glück entsteht oft durch Aufmerksamkeit in kleinen Dingen, Unglück oft durch die Vernachlässigung kleiner **Dinge**.

Wilhelm Busch

Glück und Unglück sind meiner Meinung nach zwei souveräne **Mächte**. Es ist Torheit, anzunehmen, dass menschliche **Klugheit** die Rolle des Glücks spielen könnte.

Michel de Montaigne

Das weitaus schönste **Glück** – das plötzliche.

Sophokles

Keine **Pflicht** wird so sehr vernachlässigt wie die Pflicht, glücklich zu sein.

Robert Louis Stevenson

Der Mensch kann groß, ein Held, im Leiden sein, doch göttlich ist er, wenn er **selig** ist!

Heinrich von Kleist

Wer Glück erfuhr, soll mit **Beglückung** niemals geizig sein.
Sophokles

Wenn wir **glücklich** sind, sind wir immer gut. Aber nicht jeder, der gut ist, ist glücklich.
Oscar Wilde

Alle **Leiden** um uns müssen auch wir leiden.
Franz Kafka

Das Glück trennt die Menschen, aber das **Leid** macht sie zu Brüdern.
Peter Rosegger

Das **Leiden** ist, von der einen Seite betrachtet, ein Unglück und, von der anderen betrachtet, eine Schule.
Samuel Smiles

Das Auge des Leidenden ist für die **Wahrheit** immer am meisten offen.
Johann Heinrich Pestalozzi

Den Segen körperlicher **Leiden** vermag ich noch nicht zu begreifen, aber ich weiß, er ist vorhanden.

Leo N. Tolstoi

Die Leiden anderer zu ertragen, haben wir alle genug **Kraft**.

La Rochefoucauld

Wie tief ein **Mensch** leidet, kann der andere nie erfahren.

F. M. Dostojewski

Die **Unglücklichen** schöpfen Trost aus den schlimmeren Leiden anderer.

Aesop

Du musst den **Streich** erleiden oder führen.

Friedrich Schiller

Ein Leiden tritt den andern auf die **Fersen**, so schleunig folgen sie.

William Shakespeare

Ein **Wesen** ohne Leiden ist ein Wesen ohne Herz.

Ludwig Feuerbach

Der **Schmerz** ist das, was wir als das uns Eigenste und als das Fremdeste empfinden. Paul Valéry

Ersetze die **Bosheit** durch Liebe, und dein Leiden endet. Leo N. Tolstoi

Die meisten seiner **Leiden** schafft der Mensch sich selbst. Euripides

Es gibt kein Glück im **Wohlstand**, durch Leiden wird das Glück erkauft. F. M. Dostojewski

Große **Seelen** dulden still. Friedrich Schiller

Ich glaube, dass die Menschheit nur ein Ziel hat: das **Leid**. Gustave Flaubert

Kein besseres **Heilmittel** gibt es im Leid als eines edlen Freundes Zuspruch. Euripides

Kein Leiden braucht so viel **Teilnahme** und findet so wenige wie das selbst verschuldete.

Marie von Ebner-Eschenbach

Leid aus Freude tritt so leicht hervor.

Johann Wolfgang von Goethe

Man sollte stolz auf den **Schmerz** sein. Jeder Schmerz ist eine Erinnerung unseres hohen Ranges. Novalis

Es gibt Menschen, die eines großen Leids nicht **würdig** sind.

Oswald Spengler

Leiden und Schmerz sind immer die Voraussetzungen umfassender **Erkenntnis** und eines tiefen Herzens.

F. M. Dostojewski

Die Leiden sind wie **Gewitterwolken**: in der Ferne sehen sie schwarz aus, über uns kaum grau. Jean Paul

Ohne Leiden bildet sich kein **Charakter**.

Ernst von Feuchtersleben

Leidensgefährten aber finden einander.

August Strindberg

Notwendigkeit lindert mehr Leiden als die Vernunft.

Vauvenargues

Dass die **Schmerzen** miteinander abwechseln, macht das Leben erträglich.

Friedrich Hebbel

Ratschläge sind viel leichter als Geduld im Leid.

Euripides

Wenn die Leiden kommen, so kommen sie nicht wie einzelne **Späher**, nein – in Geschwadern.

William Shakespeare

Suche im Leid das Glück.

F. M. Dostojewski

Keiner der **Sterblichen** wurde erzogen, ohne zu leiden.
Sophokles

Tiefes **Leiden** schweigt und verbirgt sich.
F. M. Dostojewski

Überstandnes **Leid** vernimmt man gern. Euripides

Unsere Sorgen, unsere Kümmernisse, unsere **Leiden** stammen aus uns selbst. Jean-Jacques Rousseau

Wer nicht ein **Leid** zu ertragen weiß, muss damit rechnen, viel zu leiden. Jean-Jacques Rousseau

Was schert es einen, viel zu **leiden**, wenn man viel genossen hat? Charles Baudelaire

Willst du **glücklich** sein? Dann lerne erst leiden.
Iwan Turgenjew

Sich elend zu sehn durch eigene, nicht durch anderer **Schuld**, das bereitet die bittersten Qualen. Sophokles

Leiden sollen **läutern**, sonst hat man gar nichts von ihnen. Jean Paul

Wir wollen in Frieden unser Leid tragen und weiter **hoffen**. Voltaire

Wirkliches, echtes Leid hat manchmal sogar **Dummköpfe** klug gemacht. F. M. Dostojewski

Das **Leid** geht auf Umwegen. Honoré de Balzac

Die Verfeinerung durch **Leiden** ist höher und menschlicher, als die durch Glück und Wohlleben. Thomas Mann

Steht uns eine leidende Person sehr nahe, so nehmen wir durch Ausübung mitleidvoller **Handlungen** uns selbst ein Leid ab. Friedrich Nietzsche

Man muss gelitten haben, um gut zu sein; aber vielleicht muss man **Leiden** verursacht haben, um besser zu werden. Maurice Maeterlinck

Aus dem Kern des Leidens selbst werden wir die Mittel zur Inspiration und zum **Überleben** nehmen.

Winston Churchill

Leid ist auch nur **Liebe**. Warte eine kleine Weile, und du wirst es erfahren. Gertrud von Le Fort

Das Wesen jedes Leids hat zwanzig **Schatten**, die aussehn wie das Leid, doch es nicht sind.

William Shakespeare

Alles **Leben** ist Leiden. Arthur Schopenhauer

Lebenslust und Lebenskunst

Süß ist es, allem **Ungemach** entflohen zu sein.
Aischylos

Freude – Gesundheit der **Seele**. Aristoteles

Wenn wir behaupten, dass **Freude** Zweck und Ziel des Lebens ist, dann meinen wir nicht die Freuden der Verschwendung und die Freuden der Sinne. Unter Freude verstehen wir einen schmerzfreien Körper und eine sorgenlose Seele. Epikur

In jede hohe Freude mischt sich eine Empfindung von **Dankbarkeit**. Marie von Ebner-Eschenbach

Lebenskünstler nehmen von allem ein wenig, aber immer nur das Beste. Jacques Chardonne

Mit allen Kräften müssen wir uns die **Freuden** des Lebens zu erhalten suchen, die uns die Jahre eine nach der anderen entreißen. Michel de Montaigne

Ein großes Können – ein großes **Genießen**.
Marie von Ebner-Eschenbach

Lass dich nicht stören, was auch äußerlich geschehe, in des inneren Lebens **Fülle** und **Freude**!
Friedrich Schleiermacher

Die höchste **Vollkommenheit** der Seele ist, Freude empfinden zu können. Vauvenargues

Die besten **Vergrößerungsgläser** für die Freuden der Welt sind die, aus denen man trinkt.
Joachim Ringelnatz

Wer ist der glücklichste Mensch? Der fremdes **Verdienst** zu empfinden und am fremden **Genuss** sich wie am eignen zu freuen weiß. Johann Wolfgang von Goethe

Die beste **Freude** ist Wohnen in sich selbst.

Johann Wolfgang von Goethe

Die meisten Menschen hasten so sehr nach **Genuss**, dass sie an ihm vorbeirennen. Sören Kierkegaard

Es darf jeder Mensch **Freude** haben, aber an guten und erlaubten Dingen. Jeremias Gotthelf

Immer die kleinen **Freuden** aufpicken, bis das große Glück kommt. Und wenn es nicht kommt, dann hat man wenigstens die kleinen Glücke gehabt.

Theodor Fontane

Denn solange ich lebe, freue ich mich ähnlich wie die **Götter**. Epikur

Die wahre **Lebenskunst** besteht darin, im Alltäglichen das Wunderbare zu sehen. Pearl S. Buck

Das beste Mittel, jeden Tag gut zu beginnen, ist: beim Erwachen daran denken, ob man nicht wenigstens einem Menschen an diesem Tage eine **Freude** machen könne. Friedrich Nietzsche

Der höchste Genuss besteht in der **Zufriedenheit** mit sich selbst. Jean-Jacques Rousseau

Die wahren **Lebenskünstler** vergleichen sich grundsätzlich nur mit Leuten, denen es schlechter geht als ihnen. André Maurois

Es ist wichtiger, dass jemand sich über eine **Rosenblüte** freut, als dass er ihre Wurzel unter das Mikroskop legt. Oscar Wilde

Diejenigen, die dem Genuss nachlaufen, erreichen ihn am wenigsten. Eine angenehme Lebensweise besteht im **Verlangen**, nicht in der Sattheit. Cicero

Die meisten Menschen leben für Liebe und **Bewunderung**. Noch schöner aber wäre es, durch Liebe und Bewunderung zu leben. Oscar Wilde

Jede vollkommene **Handlung** wird von Freude begleitet. Daran kann man erkennen, dass man es tun soll.
André Gide

Ein glückliches **Leben** muss zum größten Teil ein ruhiges Leben sein, denn wahre Freude kann nur in einer ruhigen Atmosphäre gedeihen. Bertrand Russell

Freude am **Schauen** und **Begreifen** ist die schönste Gabe der Natur. Albert Einstein

In allem, was lebt, steckt doch die **Freude**.
Alfred Döblin

Auch widerwärtige **Eindrücke** lassen sich genießen.
Arthur Schnitzler

Wir sind alle aus der **Freude** geboren und kehren zu ihr zurück.
Waldemar Bonsels

Gut lebte derjenige, der im **Verborgenen** gelebt hat.
Ovid

Nur die **Freude** schafft, was das Leben lebenswert macht.
Hans Margolius

Genießen aber heißt gebrauchen mit Freude, nicht in der Hoffnung, sondern in der Wirklichkeit.
Augustinus

Die **Lebenskunst** ist der Ringkunst ähnlicher als der Tanzkunst.
Mark Aurel

Man **erlebt** nicht das, was man erlebt, sondern wie man es erlebt.
Wilhelm Raabe

Jede Freude ist ein Wahrnehmen vom **Sinn** der Welt.
Hans Margolius

Das Geheimnis der kleinsten natürlichen **Freuden** geht über die Vernunft hinaus.
Vauvenargues

Das Geheimnis des Lebens liegt im Suchen nach **Schönheit**.
Oscar Wilde

Genuss kann unmöglich das Ziel des Lebens sein. Genuss ohne etwas darüber ist etwas Gemeines.
Christian Morgenstern

Fortwährendes **Entbehren** folgt Stumpfheit ebenso gewiss wie übermäßigem Genuss.
Marie von Ebner-Eschenbach

Denn ein **Herz** voll Freude sieht alles fröhlich an, ein Herz voll Trübsal alles trübe.
Martin Luther

Warum haben wir unser **Glück** nicht bis zur letzten Tiefe genossen, als es durch unsere Hände glitt?
Gustave Flaubert

Wohin du auch gehst, geh mit deinem ganzen **Herzen**.

Konfuzius

Wer ist denn so begabt, dass er vielseitig **genießen** könne?

Johann Wolfgang von Goethe

Weise **Lebensführung** gelingt keinem Menschen durch Zufall. Man muss, solange man lebt, lernen, wie man leben soll.

Seneca

Man hat nur an so viel **Freude** und **Glück** Anspruch, als man selbst gewährt.

Ernst von Feuchtersleben

Wie doch Freude und Glück einen Menschen **schön** machen!

F. M. Dostojewski

Ich bete einfach **Genüsse** an. Sie sind die letzte Zuflucht komplizierter Menschen.

Oscar Wilde

Du kannst nicht **Schlittschuhlaufen** lernen, ohne dich lächerlich zu machen. Auch das Eis des Lebens ist glatt.

George Bernard Shaw

Aber die **Lebenskunst** besteht darin, sein Pulver nicht unnütz und nicht in jedem Augenblick zu verschießen.

Theodor Fontane

Das **Lustgefühl** ist ein seelischer Vorgang, und jeder hat Lust an dem, was er liebt. Aristoteles

Niemand kann sein **Glück** genießen, ohne daran zu denken, dass er es genießt. Samuel Johnson

Genieße froh die **Gaben** der gegenwärtigen Stunde und lass das Unangenehme beiseite! Horaz

Der wahre **Lebenskünstler** muss knapp, klar und illusionslos sein. Stendhal

Auch im Genuss soll stets die **Weisheit** führen.

Voltaire

Krankheiten, besonders langwierige, sind Lehrjahre der Lebenskunst und der Gemütsbildung. Novalis

Lebenskünstler ist, wer seinen Sommer so erlebt, dass er ihm noch den Winter wärmt. Alfred Polgar

Jählings neigt sich der Genuss zum Schmerz, wenn er nicht **Maß** gehalten hat. Seneca

Während wir sprechen, flieht die missgünstige **Zeit**. Genieße den Tag! Horaz

Alle **Genüsse** sind schließlich Einbildung, und wer die beste **Phantasie** hat, hat den größten Genuss.

Theodor Fontane

Wie wenig **Lust** genügt den meisten, um das Leben gut zu finden, wie bescheiden ist der Mensch!

Friedrich Nietzsche

Denn die Begriffe von **Glück** sind so verschieden, wie die Genüsse und die Sinne, mit welchen sie genossen werden.

Heinrich von Kleist

Genießen und genießen lassen, ohne sich noch sonst jemandem zu schaden – das ist die ganze Moral.

Nicolas Chamfort

Der Mensch braucht nur wenige **Erdschollen**, um drauf zu genießen, weniger, um drunter zu ruhen.

Johann Wolfgang von Goethe

Für die **Lebensführung** brauchen wir Vernunft oder Zügel.

Diogenes

Der Glaube, das, was man wünscht, zu erreichen, ist immer **lustvoll**.

Aristoteles

Das **Leben** ist kurz, weniger wegen der kurzen Zeit, die es dauert, sondern weil uns von dieser kurzen Zeit fast keine bleibt, es zu genießen. Jean-Jacques Rousseau

Du hast mehr in der **Hoffnung** genossen, als du jemals in Wirklichkeit genießen wirst. Jean-Jacques Rousseau

Die **Gaben** der Natur und des Glücks sind nicht so selten wie die Kunst, sie zu genießen. Vauvenargues

Zufriedenheit ist der Stein der Weisen. Zufriedenheit wandelt in Gold, was immer sie berührt.

Benjamin Franklin

Lebe heute, vergiss die **Sorgen** der Vergangenheit.

Epikur

Es liegt ein gewisser sinnlicher Genuss im Umgang mit **Sonderlingen**. Charles Baudelaire

Genieße das Leben! In schnellem Lauf flieht es dahin.

Seneca

Ich wollte immer zu viel und will noch zu viel: alles haben, alles können, alles **genießen**.

Franziska Gräfin zu Reventlow

Man sei langsam im **Genießen**, schnell im Wirken: Denn die Geschäfte sieht man gern, die Genüsse ungern beendigt.

Baltasar Gracián y Morales

Ich möcht' so **leben** können, wie ich leb'!

Johann Nestroy

Oft findet man nicht den **Genuss**, den man mit Recht erwarten muss.

Wilhelm Busch

Nicht das Leben ist das höchste **Gut**, sondern das gute Leben. Gut leben ist soviel wie edel und gerecht leben.

Platon

Unendliche Dauer gewährt keine größeren **Freuden** als eine beschränkte Frist.
Epikur

Ich spucke auf die **Vollkommenheit** und jene, die sie sinnlos anstaunen, wenn sie keine Lust erzeugt.
Epikur

Glück, Lust, Entzücken, wie scharf sind eure Pfeile! Wer kann ihre **Verletzungen** ertragen?
Jean-Jacques Rousseau

Rechtschaffenes **Handeln** ist an sich lustvoll, zugleich aber auch gut und schön, und zwar beides im höchsten Grade.
Aristoteles

Ich habe immer bemerkt, dass man, um im **Leben** vorwärts zu kommen, dumm aussehen und klug sein muss.
Montesquieu

Das Leben gleicht jener beschwerlichen Art zu **wallfahren**, wo man drei Schritte vor und zwei zurück tun muss.
Johann Wolfgang von Goethe

Was ist nun aber das Leben, wenn man sich daraus die **Lust** wegdenkt? Erasmus von Rotterdam

Es braucht zu allem ein **Entschließen**, selbst zum Genießen. Eduard von Bauernfeld

Wer nicht **entsagen** kann, kommt zu keinem tieferen Genuss. Robert Walser

Kein Genuss ist vorübergehend; denn der **Eindruck**, den er zurücklässt, ist bleibend.

Johann Wolfgang von Goethe

Es ist ein Gesetz im Leben: Wenn sich eine **Tür** vor uns schließt, öffnet sich eine andere. Die Tragik ist jedoch, dass man nach der geschlossenen Tür blickt und die geöffnete nicht beachtet. André Gide

Tue nur das **Rechte** in deinen Sachen; das andre wird sich von selber machen. Johann Wolfgang von Goethe

Ohne **Arbeit** kein Genuss, keine Arbeit ohne Genuss.

August Bebel

Lebe, Mensch, nicht nur um zu essen und zu trinken, sondern um das **Leben** für ein gutes Leben auszunützen.

Zenon

Viele leben zu sehr in der Gegenwart: die **Leichtsinnigen**; andere zu sehr in der Zukunft: die **Ängstlichen** und Besorgten. Selten wird einer genau das rechte Maß halten.

Arthur Schopenhauer

Die Kunst, das Leben zu verlängern? Lehrt den, der es kennen gelernt hat, lieber die Kunst, es zu **ertragen**!

Ernst von Feuchtersleben

Auch **Lebenskunst** sollte subventioniert werden.

Hans-Horst Skupy

Nur der **Genuss** wird zur Schöpfung.

Voltaire

Das **Genießen** des Glückes vermindert immer das Glück.

Honoré de Balzac

Willst du wissen, wie alt du bist, so frage nicht die Jahre, die du gelebt hast, sondern den **Augenblick**, den du genießt.

Arthur Schnitzler

Freude – das Leben durch einen **Sonnenstrahl** hindurch gesehen.

Carmen Sylva

Zu wissen, wie man altert, ist das Meisterwerk der **Weisheit** und eines der schwierigsten Kapitel aus der großen Kunst des Lebens.

Henri-Frédéric Amiel

Lebe jeden **Tag**, als ob er dein erster und dein letzter wäre!

Gerhart Hauptmann

Man muss das **Leben** lieben, um es zu leben, und man muss das Leben leben, um es zu lieben.

Thornton Wilder

Lebensklugheit bedeutet: alle Dinge möglichst wichtig, aber keines völlig ernst zu nehmen.

Arthur Schnitzler

Des Lebens kurze Dauer verbietet uns, mit langer **Hoffnung** zu beginnen.

Horaz

Krankheit und Genesung

Das Gefühl von **Gesundheit** erwirbt man sich nur durch Krankheit. Georg Christoph Lichtenberg

Der **Schmerz** verschenkt seine Heilkraft dort, wo wir sie nicht vermuten. Martin Heidegger

Der **Kranke**, der das wirkende Mittel immer zur Hand hat, ist nicht zu beklagen. Michel de Montaigne

Bei langwierigen **Krankheiten** ist es gut, den Ort zu verändern. Hippokrates

Der Mensch, der krank zu Bette liegt, kommt mitunter dahinter, dass er für gewöhnlich an seinem Amte, Geschäfte oder an seiner Gesellschaft krank ist, durch sie jede Besonnenheit über sich verloren hat: Er gewinnt diese **Weisheit** aus der Muße, zu welcher ihn seine Krankheit zwingt. Friedrich Nietzsche

Süßer **Schlaf**! Du kommst wie ein reines Glück ungebeten, unerfleht am willigsten. Du lösest die Knoten der strengen Gedanken, vermischest alle Bilder der Freude und des Schmerzes, ungehindert fließt der Kreis innerer Harmonien, und eingehüllt in gefälligem Wahnsinn versinken wir und hören auf zu sein.

Johann Wolfgang von Goethe

Der **Schmerz** ist das, was wir als das uns Eigenste und als das Fremdeste empfinden. Paul Valéry

Die allerschlimmste **Krankheit** ist das **Leben**; und heilen kann sie nur der Tod. Heinrich Heine

Der leibliche **Schmerz** währt nicht lange, sein höchster Grad dauert nur kurze Zeit, auch wenn er nur derart ist, dass er die leibliche Lust überwiegt, hält er nicht viele Tage an. Langwierige Krankheiten aber bringen immer noch mehr leibliche Lust als Schmerz mit sich.

Epikur

Die gefährlichsten **Herzkrankheiten** sind immer noch Neid, Hass, Geiz. Pearl S. Buck

Unsere Krankheiten entsprechen an Zahl den **Abwechslungen** des Lebens.
Seneca

Die **Heilmittel** sind ein Teil der Krankheit selbst.
Oscar Wilde

Mache nicht unerträglich den Schmerz durch ewige **Klagen**!
Sophokles

Mit kranken und irrenden Menschen soll man **Geduld** haben.
Martin Luther

Die **Krankheit** aller bedeutet für den Einzelnen Gesundheit.
Michel de Montaigne

Die Krankheit des Körpers wird erträglicher, wenn du bedenkst, dass sie ein **Heilmittel** für die Seele ist.
Erasmus von Rotterdam

Keine **Krankheit** hat den Mut, sich an einem Arzt zu vergreifen.
Molière

Beim Schlafengehen sollten wir uns sagen: Ich habe gelebt und den mir vom Schicksal bestimmten Weg zurückgelegt. Wenn Gott uns noch einen **Morgen** schenkt, werden wir ihn mit dem Gefühl, dass uns unerwarteter Gewinn zufällt, freudig entgegennehmen.

Seneca

Mit Schmerz bezahlt man alles **Köstliche**.

Francis Bacon

Die **Krankheit** erst bewährt den Gesunden.

Johann Wolfgang von Goethe

Der Kranke ändert oft seinen **Charakter**, der Gesunde hat oft keinen.

Montesquieu

Krankheit ist der Anruf der **Wahrheit** an uns.

Reinhold Schneider

Die Krankheiten heben unsere **Tugenden** und unsere **Laster** auf.

Vauvenargues

Wenn der Mensch im **Schlaf** liegt, aufgelöst, nicht mehr zusammengehalten durch das Bewusstsein seiner selbst, dann verdrängt ein Gefühl der Zukunft alle Gedanken und Bilder der Gegenwart, und die Dinge, die kommen sollen, gleiten als Schatten durch die Seele, vorbereitend, warnend, tröstend. Friedrich Hebbel

Durch **Enthaltsamkeit** und Ruhe werden viele Krankheiten geheilt. Hippokrates

Ein großer Teil der **Sorgen** besteht aus unbegründeter Furcht. Jean-Paul Sartre

Das einzige, was wir zu fürchten haben, ist unsere **Furcht**. Franklin Delano Roosevelt

Eine der am meisten verbreiteten Krankheiten ist die **Diagnose**. Karl Kraus

Eifersucht ist eine Krankheit. Aber die natürlichste von allen. Ephraim Kishon

Eine wirklich ausgemerzte **Krankheit** ist etwas anderes als eine bloß beunruhigte. Augustinus

Denn nicht genug, dem **Schwachen** aufzuhelfen, Auch stützen muss man ihn. William Shakespeare

Es gibt gewisse Krankheiten des Körpers, die mit geringerem **Schaden** ertragen als beseitigt werden.
Erasmus von Rotterdam

Also prüfe **Hoffnung** und **Furcht**, und so oft alles ungewiss ist, meine es gut mit dir: Glaube, was du lieber willst. Seneca

Das rate ich dir, sei nicht **unglücklich** vor der Zeit, da das, wovor du, als sei es bedrohlich, dich fürchtest, vielleicht niemals kommen wird, jedenfalls nicht gekommen ist. Seneca

Es gibt gewisse Tore, die nur die **Krankheit** öffnen kann.
André Gide

Die **Hoffnung** macht selbst noch das elendste Leben lebenswert. Sully Prudhomme

Im **Schlaf** sinkt der Mensch in den allgemeinen Organismus zurück. Hier ist sein Wille unmittelbar der der Natur und umgekehrt. Beide sind jetzt eins.
Johann Wilhelm Ritter

Jeder kann den **Schmerz** bemeistern, nur der nicht, der ihn fühlt. William Shakespeare

Die größte Wahrscheinlichkeit der **Erfüllung** lässt noch einen Zweifel zu; daher ist das Gehoffte, wenn es in die Wirklichkeit eintritt, jederzeit überraschend.
Johann Wolfgang von Goethe

Der **Verstand** glaubt stets, dass wahr sei, was er fürchtet.
Ovid

Etwas **Gesundheit** ab und zu ist das beste Heilmittel des Kranken. Friedrich Nietzsche

Es gibt **Krankheiten**, von denen man gehörig und gründlich nur dadurch genest, dass man ihnen ihren natürlichen Verlauf lässt, nach welchem sie von selbst verschwinden, ohne eine Spur zu hinterlassen.

Arthur Schopenhauer

Der **Schmerz** ist der Stachel der Tätigkeit und in dieser fühlen wir allererst unser Leben. Immanuel Kant

Es gibt vorzügliche **Medikamente**, für die man noch keine passende Krankheit gefunden hat.

Ephraim Kishon

Es ist doch eine elende **Heilmethode**, wenn man seine Gesundheit der Krankheit verdankt.

Michel de Montaigne

Es ist doch unter aller **Menschenwürde**, krank und abhängig zu sein. Franziska Gräfin zu Reventlow

Es ist eine lästige Krankheit, sich die Gesundheit durch allzu strenge **Lebensweise** zu erhalten.

La Rochefoucauld

Es ist eine **Torheit** zu glauben, es wäre keine Welt möglich, worin keine Krankheit, kein Schmerz und kein Tod wäre.

Georg Christoph Lichtenberg

Die **Furcht** hat ihren besonderen Sinn.

Gotthold Ephraim Lessing

Es ist nicht schön, wenn die Ehefrau von ihrem kranken Ehemann davonläuft unter Berufung darauf, dass die Krankheit **ansteckend** sei.

Anton P. Tschechow

Genesen heißt: Mit dem All sich wieder verbinden. Krankheit heißt Einsamkeit.

Otto Weininger

Die **Ungewissheit** schlägt mir tausendfältig die dunklen Schwingen um das bange Haupt.

Johann Wolfgang von Goethe

Die **Hoffnung** hilft uns leben.

Johann Wolfgang von Goethe

Das Peinlichste am körperlichen Schmerz ist das Unkörperliche, nämlich unsere Ungeduld und unsere **Täuschung**, dass er immer währe. Jean Paul

Gewiss ist die Krankheit nützlich, die nach der Hand des **Arztes** verlangt. Bernhard von Clairvaux

Die prinzipielle **Hoffnung** ist eine Munterkeit mit zusammengebissenen Zähnen. Vielleicht ist sie auch weniger Hoffnung als Sehnsucht. Ludwig Marcuse

Gewöhnlichen Menschen scheint jedes Medium des höheren Lebens **Krankheit**. Friedrich Hebbel

Wenn man einen einzigen **Schmerz** empfunden hat, so versteht man alle anderen Leiden. Jean Paul

Die **Phantasie** des Kranken beruhigen, dass er wenigstens nicht, wie bisher, mehr von seinen Gedanken über seine Krankheit zu leiden hat als von der Krankheit selber – ich denke, das ist etwas. Und es ist nicht wenig!

Friedrich Nietzsche

Ich glaube, dass es im **Krankenbett** oft besser zugeht als am ersten Platz der königlichen Tafel.

Georg Christoph Lichtenberg

Du sollst dich nicht fürchten, zu erfahren, was deine bisherige **Ordnung** sprengt.

Ludwig Marcuse

Je schlechter es dem Menschen körperlich geht, umso besser geht es ihm **geistig**. Und daher kann es dem Menschen nie schlecht gehen.

Leo N. Tolstoi

Fort mit dem **Gedanken** an Verdammung, fort mit der Furcht, fort mit der Unruhe!

Bernhard von Clairvaux

Je später **Krankheiten** auftreten, umso gefährlicher und tödlicher sind sie.

Niccoló Machiavelli

Man sollte stolz auf den **Schmerz** sein; jeder Schmerz ist eine Erinnerung unseres hohen Ranges. Novalis

Es will mir scheinen, als ob ein Kranker leichtsinniger sei, wenn er einen **Arzt** hat, als wenn er selber seine Gesundheit besorgt. Friedrich Nietzsche

Gesunde sind leichtfertig, **Kranke** sind unvernünftig, **Genesene** weise. Roda Roda

Solange einem Kranken Atem innewohnt, gibt es noch **Hoffnung**. Cicero

Jede Krankheit hat ihren besonderen Sinn, denn jede Krankheit ist eine **Reinigung**; und man muss nur herausbekommen, wovon. Christian Morgenstern

Will man die **Moral** eines Kranken heben, so lache man sein Leiden aus und bestreite ihm die Schmerzen. Gustave Flaubert

Im höchsten Schmerz tritt zuweilen eine Paralysis der **Empfindsamkeit** ein. Die Seele zersetzt sich. Daher der tödliche Frost, die freie Denkkraft, der schmetternde unaufhörliche Witz dieser Art von Verzweiflung. Keine Neigung ist mehr vorhanden; der Mensch steht wie eine verderbliche Macht allein. Novalis

Krankheit ist das größte **Gebrechen** des Menschen.
Georg Christoph Lichtenberg

Krankheit ist für die Trägen ein Fest, denn sie enthebt sie der Arbeit. Antiphon

Krankheit macht die Gesundheit süß und gut, Hunger und die Sattheit, Mühe die Ruhe. Heraklit

Krankheit zerstört in einigen Menschen den Mut, in anderen die Furcht, ja sogar die Liebe zum **Leben**.
Vauvenargues

Der **Ungesunde** ist der Entrechtete – nicht der, der von geringer Abkunft ist. Robert Walser

Kranke Menschen sind immer wahrhaft vornehmer als gesunde; denn nur der kranke Mensch ist ein Mensch, seine Glieder haben eine **Leidensgeschichte**, die sind durchgeistet.

Heinrich Heine

Und **hoffen** darf man alles.

Sophokles

Man kann den **Charakter** eines Menschen nie besser kennen lernen als an seinem Krankenbett sowie die Gesinnungen während seines Rausches.

Franz Grillparzer

Das **Ideal** einer vollkommenen Gesundheit ist bloß wissenschaftlich interessant. Krankheit gehört zur Individualisierung.

Novalis

Gelobt sei die **Krankheit**, denn die Kranken sind ihrer Seele näher als die Gesunden.

Marcel Proust

Man muss die Krankheiten gewähren lassen.

Michel de Montaigne

Man muss eine schwere **Krankheit** durchmachen, um zu erkennen, worin das Leben besteht: Je schwächer der Leib, umso stärker die geistige Aktivität.

Leo N. Tolstoi

Der **Schmerz** ist ein Eigentum – wie Glück und Freude.

Friedrich Hebbel

Ich weiß mir kein schöneres **Gebet** als das, womit die alt-indischen Schauspiele schließen. Es lautet: „Mögen alle lebenden Wesen von Schmerzen frei bleiben."

Arthur Schopenhauer

Manchen Kranken spricht man einen **Glückwunsch** aus, wenn sie selber bemerkt haben, sie seien krank.

Seneca

Alle Welt maßt sich Recht über einen **Kranken** an. Priester, Ärzte, Diener, Fremde und Freunde – ja bis herunter zu den Wärtern glaubt jeder, ihn beherrschen zu können.

Vauvenargues

Nicht tödlich, aber **unheilbar**, das sind die schlimmsten Krankheiten. Marie von Ebner-Eschenbach

Sogar eingebildete **Krankheiten** können wirkliche werden. Georg Christoph Lichtenberg

Und was ist **Kränklichkeit** (nicht Krankheit) anderes als innere Verzerrung? Georg Christoph Lichtenberg

Was nützte mir der ganzen Erde **Geld**? Kein kranker Mensch genießt die Welt. Johann Wolfgang von Goethe

Wenn es einem gut geht, dann wundert man sich darüber, wie man sich verhalten würde, wenn man krank wäre; wenn man es ist, nimmt man fröhlich seine **Medizin**: Die Krankheit zwingt uns dazu. Blaise Pascal

Wenn man klein ist und krank und weit weg in einem fernen **Schlafzimmer**, dann ist alles, was woanders geschieht, wunderbar. Katherine Mansfield

Dem Himmel sag für Schmerz, der dich veredelt, **Dank**.

Friedrich Rückert

Wie ungern tritt man nach einer Krankheit vor den Spiegel! Die **Besserung** fühlt man, und man sieht nur die Wirkung des vergangenen Übels.

Johann Wolfgang von Goethe

Wir alle geben, solange wir gesund sind, Kranken gern **Ratschläge**.

Terenz

Der **Schmerz** ist ein heiliger Engel, und durch ihn sind Menschen größer geworden als durch alle Freuden der Welt.

Adalbert Stifter

Körperliche Krankheiten sind die diesem kläglichen Leben auferlegten **Steuern**. Manche werden höher besteuert, manche niedriger, aber jeder zahlt etwas.

Philipp Stanhope Earl of Chesterfield

Was das **Schmerzlichste** ist, ist zugleich auch das Alltäglichste und Gleichgültigste.

Theodor Fontane

Dem Genesenen, dem Gesunden bieten sich so manche **Schätze**. Johann Wolfgang von Goethe

Die Krankheit ist eine Erscheinung des Lebens; die Toten sind nicht mehr krank, nur die **Lebendigen**.

Friedrich Hebbel

Einen Kranken, der sich für **gesund** hält, kann man nicht heilen. Henri-Frédéric Amiel

Die größte aller **Torheiten** ist, seine Gesundheit aufzuopfern – für was es auch sei: für Erwerb, für Beförderung, für Gelehrsamkeit, für Ruhm, geschweige für Wollust und flüchtige **Genüsse**: Vielmehr soll man ihr alles nachsetzen. Arthur Schopenhauer

Wer einem Kranken seine **Ratschläge** gibt, erwirbt sich ein Gefühl von Überlegenheit über ihn, sei es, dass sie angenommen oder dass sie verworfen werden. Deshalb hassen reizbare und stolze Kranke die Ratgeber noch mehr als ihre Krankheit. Friedrich Nietzsche

Schmerz hat immer einen Sinn. Der wahre ist verhalten.

Gustave Flaubert

Anstrengungen machen gesund und stark.

Martin Luther

Die **Gesundheit** ist ein kostbares Gut, nur sie ist es eigentlich wert, dass man dafür seine Zeit, seinen Schweiß, seine Arbeit und sein Geld, ja sogar sein Leben einsetzt.

Michel de Montaigne

Die **Gesundheit** zu erhalten: Nicht bis zur Sättigung essen, sich vor Anstrengungen nicht scheuen!

Hippokrates

In der einen Hälfte opfern wir unsere **Gesundheit**, um Geld zu erwerben. In der anderen Hälfte opfern wir Geld, um die Gesundheit wiederzuerlangen.

Voltaire

Es gibt tausend Krankheiten, aber nur eine **Gesundheit**.

Ludwig Börne

Erbitte dir zuerst **Gesundheit**, dann Wohlergehen, drittens ein frohes Herz und zuletzt, niemandes Schuldner zu sein.

Philemon

Es ist eine lästige Krankheit, sich die Gesundheit durch allzu strenge **Lebensweise** zu erhalten.

La Rochefoucauld

Gibt es **Epidemien** der Gesundheit?

Friedrich Nietzsche

Gesundheit erkennt man daran, dass das Leben seine **Wurzeln** gern in das irdische Element senkt und sich dort wohl fühlt.

Sully Prudhomme

Glücklich ist man, wenn man aus dem Zustand der Gesundheit in den der **Weisheit** übergeht.

Joseph Joubert

Gehabte **Schmerzen** – die hab' ich gern!

Wilhelm Busch

Wer stark, gesund und jung bleiben und seine **Lebenszeit** verlängern will, der sei mäßig in allem, atme reine Luft, treibe tägliche Hautpflege und Körperübung, halte den Kopf kalt, die Füße warm und heile ein kleines Weh eher durch Fasten als durch Arznei.

Hippokrates

Ich bin so tausendmal jünger und gesünder geworden und will wieder so viel vom **Leben**, je härter es äußerlich ist.

Franziska Gräfin zu Reventlow

Ich möchte lieber **gesund** als reich sein.

Cicero

Jedem **Arzt** geht es schlecht, wenn es niemandem schlecht geht.

Philemon

Die **Gesundheit** sieht es lieber, wenn der Körper tanzt, als wenn er schreibt.

Georg Christoph Lichtenberg

Wohlgetan ist es, die **Gesunden** sorgfältig zu führen, damit sie nicht krank werden. Hippokrates

Jetzt, da ich nur nach den Vorschriften der **Natur** lebe, habe ich durch sie meine ursprüngliche Gesundheit wieder erlangt. Hätten auch die Ärzte nichts weiter gegen mich einzuwenden, wen könnte ihr Hass befremden? Ich bin ein lebendiger Beweis für die Eitelkeit ihrer Kunst und die Fruchtlosigkeit ihrer Bemühungen. Jean-Jacques Rousseau

Könnte **Geistesruhe** ein besserer Beweis tugendhaften Lebens sein? Gesundheit gibt sie. Vauvenargues

Der **Immune** ist in gewissem Sinne auch ein Ausgeschlossener. Arthur Schnitzler

Man genießt weniger seine gute **Gesundheit**, als man unter einer schlechten leidet. Sully Prudhomme

Niemand kann körperlich ganz gesund sein, wenn es ein Teil des Leibes nicht ist, sondern es müssen alle oder doch wenigstens die wichtigsten **Organe** in derselben Verfassung sein wie das Ganze. Aristoteles

Freunde, Mäßigkeit und Ruh schließt dem **Arzt** die Türe zu. Friedrich von Logau

Wer seine Gesundheit durch allzu strenge **Lebensweise** zu erhalten sucht, begibt sich damit in eine fortlaufende und langweilige Krankheit. La Rochefoucauld

Nicht gut ist, dass sich alles erfüllt, was du wünscht: Durch Krankheit erkennst du den Wert der **Gesundheit**. Heraklit

Nur die **Gesundheit** ist das Leben.
Friedrich von Hagedorn

Sorge für die **Gesundheit** deines Leibes und deiner Seele, aber verzärtele beide nicht.
Adolph Freiherr von Knigge

Wir wollen nicht wissen, was **Gesundheit** ist, wir wollen lieber gesund sein als erkennen, was die Gesundheit ist.

Aristoteles

Unter Gesundheit verstehe ich die Kraft, ein volles, erwachsenes, lebendiges, atmendes **Leben** zu leben mit allem, was wir meinen, wenn wir von der äußeren Welt sprechen.

Katherine Mansfield

Zugleich seinem höchsten **Leide** und seiner höchsten **Hoffnung** entgegengehen.

Friedrich Nietzsche

Wenn man seine Gesundheit durch ein zügelloses Leben verdorben hat, will man sie durch **Arzneimittel** wiederherstellen.

Jean-Jacques Rousseau

Wie gern wollt' ich dem **Teufel** meine Seele verschreiben, wenn ich dafür Gesundheit hätte.

Franziska Gräfin zu Reventlow

Aus der Not wird der Mensch durch die **Hoffnung** gerettet.

Menander

Wer den **Geheilten** gut spielt, wird auch geheilt.

Ovid

Klassisch ist das Gesunde, **romantisch** das Kranke.

Johann Wolfgang von Goethe

Es ist **Weisheit** darin, Lebens-Weisheit, sich die Gesundheit selbst lange Zeit nur in kleinen Dosen zu verordnen.

Friedrich Nietzsche

Was man kräftig hofft, das geschieht. Ein keckes Wort, was aber wunderbar **tröstet**.

Ernst von Feuchtersleben

Man benutze seine **Gesundheit**, man nütze sie selbst ab. Dazu ist sie da. Man gebe alles aus, was man besitzt, ehe man stirbt, und man überlebe sich selbst nicht!

George Bernard Shaw

Es kommt darauf an, das **Hoffen** zu lernen.

Ernst Bloch

In Elend bleibt kein andres **Heilungsmittel** als Hoffnung nur.

William Shakespeare

Die **Hoffnung** ist ein viel größeres Stimulans des Lebens als irgendein Glück.

Friedrich Nietzsche

Hoffnung ist die zweite Seele der Unglücklichen.

Johann Wolfgang von Goethe

Ich meine, dass die Gesundheit uns **glücklich** macht, aber das Umgekehrte tut auch seine Wirkung. Ich glaube, dass ein glücklicher Mensch weniger leicht erkrankt als ein unglücklicher.

Bertrand Russell

Hoffen heißt: die Möglichkeit des Guten erwarten; die Möglichkeit des Guten aber ist das Ewige.

Sören Kierkegaard

Wer **hofft**, hat schon gesiegt und siegt weiter.

Jean Paul

Trennung, Trauer, Tod

Besser auseinandergehen in **Einigkeit**, als immerdar beisammen sein in Zank und Streit. Carl Spitteler

An **Scheidungsgründen** fehlt es nie, wenn nur der gute Wille da ist. Johann Nestroy

Das **Schicksal** wird uns zwar trennen, nicht aber entzweien können. Jean-Jacques Rousseau

Die **Trennung** heißt der Liebe Bund erneuern. Johann Wolfgang von Goethe

Ein freier Mensch denkt über nichts weniger nach als über den Tod; seine Weisheit besteht nicht im Denken über den Tod, sondern über das **Leben**. Baruch de Spinoza

Die wilde **Flamme** erlischt, wenn das Holzscheit geteilt wird. Ovid

Abschiedsworte müssen kurz sein wie Liebeserklärungen.
Theodor Fontane

Jeder **Abschied** ist ein Abschied für immer. So sehr ist alles dem Wechsel unterworfen.
Karl Heinrich Waggerl

Ein Mann gerät in Wut gegen eine Frau, die ihn nicht mehr liebt, und tröstet sich; eine Frau bleibt ruhiger, wenn sie verlassen wird, und ist lange **untröstlich**.
Jean de La Bruyère

Eins der größten Übel der **Trennung**, das einzige, gegen das die Vernunft nichts auszurichten vermag, ist die Unruhe über das gegenwärtige Ergehen dessen, den man liebt.
Jean-Jacques Rousseau

Es löst der Mensch nicht, was der **Himmel** bindet.
Friedrich Schiller

Bei der **Abreise** fällt einem doch immer jedes frühere Scheiden und auch das künftige letzte unwillkürlich in den Sinn.
Johann Wolfgang von Goethe

In jeder großen Trennung liegt ein Keim von **Wahnsinn**; man muss sich hüten, ihn nachdenklich auszubrüten und zu pflegen. Johann Wolfgang von Goethe

Beim Abschied wird die **Zuneigung** zu den Dingen, die uns lieb sind, immer ein wenig wärmer.
Michel de Montaigne

Der **Tod** ist eine Selbstbesiegung, die, wie alle Selbstüberwindung, eine neue leichtere Existenz verschafft.
Novalis

Man schreibt nicht so ausführlich, wenn man den **Abschied** gibt. Heinrich Heine

In dieser Welt gibt es nichts Sicheres als den **Tod** und die **Steuern**. Benjamin Franklin

Nicht der Tod, sondern das **Sterben** beunruhigt mich.
Michel de Montaigne

Es ist ungewiss, wo uns der **Tod** erwartet. Erwarten wir ihn überall! Michel de Montaigne

Jeder **Abschied** ist betäubend. Johann Gottfried Herder

Ja, meine süße Freundin, trotz der **Trennung**, trotz der Entbehrungen, der Aufregungen, sogar trotz der Verzweiflung enthält dennoch der mächtigste Zug zweier Herzen zueinander eine geheime Wollust, die ruhigen Seelen unbekannt ist. Jean-Jacques Rousseau

Meide alles, was die **Menschen** trennt, und tue alles, was sie eint. Leo N. Tolstoi

Lasst uns guten Muts sein in Bezug auf den **Tod**, da das kein Übel für uns sein kann, was das natürliche Gesetz der Götter, die über das Wohl der Menschen walten, zu unserm Besten so eingesetzt hat. Platon

Von dem, was du erkennen und messen willst, musst du **Abschied** nehmen, wenigstens auf eine Zeit. Erst wenn du die Stadt verlassen hast, siehst du, wie hoch sich ihre Türme über die Häuser erheben.

Friedrich Nietzsche

Ein **Abschied** schmerzt immer, auch wenn man sich schon lange darauf freut. Arthur Schnitzler

Trennung verringert die lauen **Leidenschaften** und steigert die großen, so wie der Wind die Kerze löscht und das Feuer anfacht. La Rochefoucauld

Der **Tod** versetzt uns wieder in den Zustand der Ruhe, in dem wir uns befanden, ehe wir geboren wurden. Bedauert jemand die Gestorbenen, so muss er auch die Ungeborenen bedauern. Seneca

Wahr ist, dass die Menschen uns, wie die Sterne, bei ihrem **Verschwinden** höher erscheinen, als sie wirklich stehen. Heinrich von Kleist

Während des **Beisammenseins** mit geliebten Menschen kann man sich in den Zustand der Trennung ebenso wenig hineindenken wie in den des Todes.

Marie von Ebner-Eschenbach

Beim **Abschiednehmen** kommt ein Augenblick, wo man die Trauer so stark vorausfühlt, dass der geliebte Mensch schon nicht mehr bei einem ist.

Gustave Flaubert

Der Gedanke, nicht mehr zu sein, ist so süß!
Welch tiefe Ruhe ist über alle **Friedhöfe** gebreitet!

Gustave Flaubert

Kein Abschied auf der Welt fällt schwerer als der Abschied von der **Macht**.

Charles Maurice de Talleyrand

Die Jugend und die schöne Liebe, alles hat sein **Ende**.

Johann Wolfgang von Goethe

Aus **Erde** ist alles, und zu Erde wird alles am Ende.

Xenophanes

Das **Leben** ist eine Krankheit, von der wir uns alle 16 Stunden durch den Schlaf erholen. Der Schlaf ist das Linderungsmittel, der Tod das Heilmittel.

Nicolas Chamfort

Das Feste und Starke gehört dem **Tode**. Das Weiche und Schwache gehört dem **Leben**. Konfuzius

Das **Leben** ist kurz, die Kunst lang, die Gelegenheit vorübergehend, die Erfahrung verräterisch, die Beurteilung schwierig. Hippokrates

Jedem steht sein bestimmter **Tag** bevor. Vergil

Staub und Schatten sind wir. Horaz

Allen bleibt ein und dieselbe **Nacht**. Horaz

Weder kann die Welle, die vorbei ist, zurückgerufen werden; noch kann die **Stunde**, die entschwunden ist, zurückkehren. Ovid

Du warst einmal nicht und wirst einmal nicht sein; beides ist gleich. **Vergangenheit** und **Zukunft** gehen uns nichts an. Seneca

Dulden muss der Mensch sein Scheiden aus der Welt, wie seine Ankunft; reif sein ist alles.

William Shakespeare

Sich selbst überleben ist ein **Unglück**, worüber man sich wie über alles Übrige trösten muss.

Christina von Schweden

Das Leben mag so angenehm und so herrlich sein, wie es will, es wäre dennoch sehr unglücklich, wenn es kein **Ende** gäbe. Christina von Schweden

Der menschliche **Geist** kann mit dem Körper nicht völlig zerstört werden, es bleibt von ihm etwas, was ewig ist. Baruch de Spinoza

Keinem ist das Leben so süß wie dem, welcher jede **Todesfurcht** verloren hat. Samuel Smiles

Für mich waren es sehr feierliche und nachdenkliche Stunden, als ich anfing, mich an den Gedanken des wahrhaften **Todes** zu gewöhnen. Gottfried Keller

Wie schade, dass so wenig Raum ist zwischen der **Zeit**, wo man jung ist, und der, wo man zu alt ist.
Montesquieu

Nicht der Mensch hat am meisten gelebt, welcher die höchsten Jahre zählt, sondern derjenige, welcher sein **Leben** am meisten empfunden hat. Vauvenargues

Die **Trauer** wird durch Trauern immer herber.
Johann Wolfgang von Goethe

Was kann, wenn man nahe daran ist, diese Welt zu **verlassen**, tröstender sein, als zu sehen, dass man nicht umsonst gelebt habe, weil man einige, wenngleich nur wenige, zu guten Menschen gebildet hat?
Immanuel Kant

Ein **Grab** ist noch immer die beste Befestigung wider die Stürme des Schicksals. Georg Christoph Lichtenberg

Ein Ende des **Trauerns** findet, auch wer es nicht mit Absicht gesucht hatte, mit der Zeit. Seneca

Auf den **Tod** sinnen heißt auf Freiheit sinnen.
Michel de Montaigne

Wollen wir unser Leben in Frieden hinbringen und mit den Göttern selbst in der Frage des Glückes in Wettstreit treten, dann müssen wir die **Seele** reisefertig halten.
Seneca

Alles **Vergängliche** ist nur ein Gleichnis.
Johann Wolfgang von Goethe

Anfang und Ende des **Lebens** sind das Beste oder Verehrungswürdigste, denn jenes ist das Alter der Unschuld, dieses das der Vernunft. Joseph Joubert

Auf das **Vergnügen** folgt wie ein Begleiter die **Trauer**.

Plautus

Es war ein heiterer, der **Menschheit** würdiger Gedanke, ihre Toten der hellen und reinen Flamme statt der trägen Erde zu überlassen.

Jacob Grimm

Ich hör schon das **Gras** wachsen, in welches ich beißen werde.

Johann Nestroy

Das Bewusstsein unserer **Sterblichkeit** ist ein köstliches Geschenk, nicht die Sterblichkeit allein, die wir mit den Molchen teilen, sondern unser Bewusstsein davon. Das macht unser Dasein erst menschlich.

Max Frisch

Weinen ist ein gewisses Vergnügen.

Ovid

Die Menschen geben vor, mehr zu trauern, als sie tatsächlich tun, und das vermindert ihre **Trauer**.

Jonathan Swift

Das Leben ist wie ein geschicktes **Zahnziehen**. Man denkt immer, das Eigentliche solle erst kommen, bis man plötzlich sieht, dass alles vorbei ist. Otto von Bismarck

Trauer darf nie die angemessenen Grenzen überschreiten, sondern muss in dem Verhältnis zu dem Schlage stehen. Juvenal

Die **Zeiten** gehen hin, und für jeden kommen einmal die Jahre, wo er merkt, dass sie hingegangen sind, und er sich wundert, dass er nichts getan hat, sie aufzuhalten. Wilhelm Raabe

In aller **Trauer** ist etwas Göttliches, denn die Trauer ist ein Streit gegen das, was der leiblichen und geistlichen Vollkommenheit wehe tut. Clemens von Brentano

Es geht ewig zu **Ende** und im Ende keimt ewig der **Anfang**. Peter Rosegger

Alt und jung, wir alle befinden uns auf unserer letzten **Reise**. Robert Louis Stevenson

Seichte **Trauer** und seichte **Liebe** leben länger. Große Liebe und große Schmerzen vernichten sich durch ihre eigene Fülle. Oscar Wilde

Der **Tod** ist schrecklich, aber schrecklicher noch wäre das Bewusstsein, man würde ewig leben und nie sterben. Anton P. Tschechow

Auch der **Schmerz** will seinen Ausdruck haben, und der Mann, vom Schmerz überwältigt, braucht sich seiner Tränen nicht zu schämen. Friedrich von Bodenstedt

Nicht nur einen **Tod** gibt es. Der uns dahinrafft, ist nur der letzte. Seneca

Wenn immer getrauert und geklagt wird, ohne dass man sich zur Resignation erhebt und ermannt, so hat man Erde und Himmel zugleich verloren und wässerige **Sentimentalität** übrig behalten. Arthur Schopenhauer

Alle Fragen nach letzten Dingen enden zuletzt im **Unerforschlichen**. Hans Margolius

Wir haben, als wir geboren wurden, soviel verloren, wie wir beim **Sterben** verlieren werden. Alles.

È. M. Cioran

Wir sollten das Leben verlassen wie ein **Bankett**: Weder durstig noch betrunken.

Aristoteles

Es wird ein jeder so leicht oder so schwer **sterben**, als seiner Natur das Leben geworden ist, und wer das eine verstanden hat, wird auch das andere können.

Waldemar Bonsels

Die **Trauer** hat die glückliche Eigenschaft, sich selbst zu verzehren. Sie verhungert.

August Strindberg

Ich liebe den **Herbst**; die Jahreszeit der Trauer stimmt gut zu den Erinnerungen.

Gustave Flaubert

Man betrauert nicht den **Verlust** aller Menschen, die man liebt.

Vauvenargues

Es gibt viel **Trauriges** in der Welt und viel **Schönes**. Manchmal scheint das Traurige mehr Gewalt zu haben, als man ertragen kann, dann stärkt sich indessen leise das Schöne und berührt wieder unsere Seele.

Hugo von Hofmannsthal

Man versucht, den anderen zu **trösten**, wenn man verbergen will, dass man nicht mit ihm trauern kann.

Karl Heinrich Waggerl

Trauernde sind sich überall verwandt.

Franz Grillparzer

Man kann den **Tod** eines geliebten Menschen tief und innig beklagen und doch in Hoffnung und selbst in Heiterkeit weiterleben.

Theodor Fontane

Der **Tod** ist kein Abschnitt des Daseins, sondern nur ein Zwischenereignis, ein Übergang aus einer Form des endlichen Wesens in eine andere.

Wilhelm von Humboldt

Aufgelöst und gestillt wird durch die **Tränen** der Schmerz.

Ovid

Jedes Ding hat zwei **Gesichter**, eins des Vergehens, eins des Werdens.

Friedrich Nietzsche

Mit jedem Menschen verschwindet, er sei auch, wer er sei, ein **Geheimnis** aus der Welt, das vermöge seiner besonderen Konstruktion nur er entdecken konnte, das nach ihm niemand wieder entdecken wird.

Friedrich Hebbel

Nichts ist hoffnungslos, dass wir nicht Grund zu neuer **Hoffnung** fänden.

Niccoló Machiavelli

Zum selben **Ort** hin müssen wir alle.

Horaz

Wie dein **Leiden** sich mehrt, so mehrt sich die Kraft, es zu ertragen.

Johann Kaspar Lavater

Trost gibt der Himmel. Von den Menschen erwartet man Beistand. Ludwig Börne

Die Menschen haben vor dem Tod zu viel **Achtung**, gemessen an der geringen Achtung, die sie vor dem Leben haben. Henry de Montherlant

Leben muss man sein ganzes Leben hindurch lernen, und was dir vielleicht noch sonderbarer klingt: All seine Lebtage muss man sterben lernen. Seneca

Im Grunde ist jedes **Unglück** gerade nur so schwer, wie man es nimmt. Marie von Ebner-Eschenbach

Wer das Leben voll begreift, hat keine Angst vor dem Sterben. **Todesangst** ist nur das Ergebnis eines nicht erfüllten Lebens. Es ist eine Äußerung der Untreue.
Franz Kafka

Auch das **Schöne** muss sterben! Friedrich Schiller

Es ist gut, dass es in der Welt Gutes und Schlechtes gibt; sonst wäre man verzweifelt beim **Abschied** vom Leben. Michel de Montaigne

Immer nur das Verlangen, zu sterben und das sich-noch-Halten, das allein ist **Liebe**. Franz Kafka

Kein Wunder, dass der Mensch ungern stirbt, denn so etwas wie die **Herrlichkeit** der Welt kann man sich nicht noch einmal woanders ausdenken, zum Beispiel im Himmel. Knut Hamsun

Wenige Menschen kennen den **Tod**. Gewöhnlich erleidet man ihn nicht entschlossen, sondern stumpfsinnig brauchgemäß; und die meisten Menschen sterben, weil man zu sterben nicht umhin kann. La Rochefoucauld

Mit jedem Menschen sterben auch die **Toten**, die nur in ihm noch gelebt hatten. Richard von Schaukal

Ohne **Zerstreuung** gibt's für den Menschen keine Freude, mit Zerstreuung keine Trauer. Blaise Pascal

Trauert nicht, wenn eines Herzens **Melodie** verstummt!
Bald findet eine Hand sich, wieder es zu stimmen.

Friedrich Hölderlin

Ein ewig **Rätsel** ist das Leben, und ein **Geheimnis** bleibt der Tod.

Emanuel Geibel

Wie groß die **Finsternis** auch sei, wir sind immer dem Licht nahe.

Franz von Sales

Nicht die **Dinge** selbst beunruhigen die Menschen, sondern die Vorstellungen von den Dingen. So ist der Tod nichts Furchtbares – nein, die Vorstellung vom Tode, er sei etwas Furchtbares, das ist das Furchtbare.

Epiktet

Man braucht so gute Gründe zum **Leben**, dass man keine zum Sterben braucht.

Antoine de Rivarol

Es gibt kein Recht, wonach wir einem Menschen das Leben nehmen, aber keines, wonach wir ihm das Sterben nehmen; dies ist nur **Grausamkeit**.

Friedrich Nietzsche

Die nicht zu leben verstehen, müssen aus dem Sterben eine **Tugend** machen. George Bernard Shaw

Wir kommen nie aus den **Traurigkeiten** hinaus, wenn wir uns ständig den Puls fühlen. Martin Luther

Die Gewissheit des Todes wird etwas gemildert durch die Ungewissheit seines Erscheinens; er ist eine unbestimmte Größe in der Zeit, die etwas vom Unendlichen an sich hat und von dem, was man **Ewigkeit** nennt.
Jean de La Bruyère

Leben ist der Anfang des Todes. Das Leben ist um des Todes willen. Der Tod ist Endigung und Anfang zugleich, Scheidung und nähere Selbstverbindung. Novalis

Wie kann der **Tod** schlecht sein, wenn wir uns in seiner Abwesenheit nicht darüber klar sind? Diogenes

Der **Tod** geht mich eigentlich nichts an, denn wenn er ist, bin ich nicht mehr, und solange ich bin, ist er nicht.
Epikur

Es ist ratsam, über den **Tod** nachzudenken. Epikur

Der Tod ist ein **Ausruhen** von Not und Elend. Cicero

Die Menschen erwartet nach ihrem **Tod**, was sie nicht hoffen noch glauben. Heraklit

Nur wer den **Tod** fürchtet, darf sich seines Mutes rühmen. Arthur Schnitzler

Ach, dass wir ein Leben bedürfen, zu lernen, wie wir leben müssten, dass wir im Tode erst ahnten, was der **Himmel** mit uns will! Heinrich von Kleist

Der Tod muss dem alten Mann so vor Augen sein wie dem jungen: Nicht nämlich werden wir aufgerufen nach der **Altersliste**. Seneca

An einem Orte, wo das **Leben** nichts bietet, kann der Tod nicht besonders schwer sein. Johann Nestroy

Bereite dich auf den Tod vor, das will besagen: bereite dich auf die **Freiheit** vor.

Seneca

Es ist viel dringender erforderlich, die **Seele** als den Körper zu heilen, denn Tod ist besser als ein schlechtes Leben.

Epiktet

Die Menschen **fürchten** den Tod so, wie die Kinder das Dunkel fürchten.

Francis Bacon

Wie ein gut verbrachter Tag einen glücklichen Schlaf beschert, so beschert ein gut verbrachtes **Leben** einen glücklichen Tod.

Leonardo da Vinci

Den **Tod** kann jeder Mensch nur einmal zahlen.

William Shakespeare

Der Tod ist gar nichts; nur der Gedanke an ihn ist **traurig**.

Voltaire

Der Gedanke an den **Tod** betrügt uns, denn er lässt uns vergessen zu leben. Vauvenargues

Den Tod fürchten die am wenigsten, deren Leben den meisten **Wert** hat. Immanuel Kant

Gäbe es keinen **Schlaf** und Ohnmacht, wir hätten keinen Begriff vom Tod. Jean Paul

Die Vorbereitung zum Tode muss das ganze **Leben** sein, so wie das Leben selbst. Wilhelm von Humboldt

Durch den **Tod** wird das Leben verstärkt. Novalis

Der Tod begeht keinen **Fehler**, wenigstens macht er keinen wieder gut. Friedrich Hebbel

Über den Tod kommt jeder leicht hinweg, aber mit dem **Sterben** ist's eine andere Sache. Wilhelm Raabe

Ich habe keine Angst vor dem **Tod**. Das Nahen des Todes ist es, wovor mir graust. Oscar Wilde

Ich ließ mein Leben nicht von **Todesfurcht** beherrschen – und mein Lohn war, dass ich mein Leben lebte. George Bernard Shaw

Das ist der Augenblick, der alles erfüllt, Alles, was wir gesehnt, geträumt, gehofft, gefürchtet, meine Beste. Das ist der **Tod**. Johann Wolfgang von Goethe

Der **Tod** stellt dem Menschen das Bild seiner selbst vor Augen. Friedrich Hebbel

Das Leben ist nur ein **Moment**, der Tod ist auch nur einer. Friedrich Schiller

Der **Tod** ist umso schöner, je mehr der Mensch ihn selbst will. Unser Leben hängt vom Willen anderer ab, der Tod von unserem eigenen Willen.

Michel de Montaigne

Das Leben kann allerdings angesehen werden als ein Traum, und der Tod als das **Erwachen**. Dann aber gehört die Persönlichkeit, das Individuum, nicht dem wachen Bewusstsein an, weshalb denn jenem der Tod sich als Vernichtung darstellt. Arthur Schopenhauer

Dein Tod gliedert sich in die **Weltordnung** ein, er ist ein Stück Leben dieser Welt. Michel de Montaigne

Keines der Wesenselemente des Menschen fällt durch den Tod ganz und gar ins **Nichts**. Thomas von Aquin

Dem Lichte zu – deine letzte Bewegung; ein Jauchzen der **Erkenntnis** – dein letzter Laut. Friedrich Nietzsche

Den Tod nicht zu verneinen, steht eigentlich nur jenen wohl an, die das **Leben** bejahen. Michel de Montaigne

Denn niemand kennt den **Tod**, und niemand weiß, ob er nicht vielleicht das größte Gut für den Menschen ist. Platon

Denn vor und nach dem irdischen **Leben** gibt es kein irdisches, aber doch ein Leben. Jean Paul

Der freie Mensch denkt an nichts weniger als an den Tod; und seine **Weisheit** ist nicht ein Nachsinnen über den Tod, sondern über das Leben. Baruch de Spinoza

Wir verbringen unser ganzes Leben mit **Hoffen**, und hoffen noch, wenn wir sterben. Voltaire

Der **Geist** muss so mächtig werden, dass er den Tod des Leibes nicht empfindet. Bettina von Arnim

Der Tod, er wäre **Traum**, wenn man ab und an ein Auge öffnen könnte. Jules Renard

Der Tod ist das Ende aller Dinge des menschlichen Lebens, nur des **Aberglaubens** nicht. Plutarch

Der Tod ist die **Ruhe**, aber der Gedanke an den Tod ist der Störer jeglicher Ruhe. Cesare Pavese

Der **Tod** ist nichts, was uns betrifft. Denn das Aufgelöste ist empfindungslos. Das Empfindungslose aber ist nichts, was uns betrifft. Epikur

Der Tod ist nur ein **Augenblick**, aber er ist so ein gewichtiger Augenblick, dass ich leicht viele Tage meines Lebens dafür gäbe, um ihn zu überstehen, wie ich möchte. Michel de Montaigne

Der Tod ist Übergang zu neuer, noch nie gekannter, völlig neuer, anderer, größerer **Freude**. Leo N. Tolstoi

Der **Tod** versöhnt alles. Franziska Gräfin zu Reventlow

Der untere tiefe **Strom** des wahren Lebens wird durch den Tod nicht unterbrochen. Leo N. Tolstoi

Nichts verfälscht so sehr das **Urteil** über das Leben wie der Tod.

Vauvenargues

Ich höre auf zu **leben**, aber ich habe gelebt; so leb auch du, mein Freund, gern und mit Lust, und scheue den Tod nicht.

Johann Wolfgang von Goethe

Sicher hat der Gedanke an den Tod den meisten Menschen mehr **Qualen** bereitet als das Erleiden des Todes selber.

Michel de Montaigne

Tod ist, wenn einer lebt und es nicht weiß.

Rainer Maria Rilke

Untätig verbrachte **Zeit** ist für mich wie der Tod.

Ovid

Warum so zaghaft zittern vor dem **Tod**,
dem unentfliehbaren Geschick?

Friedrich Schiller

Wir sterben viele **Tode**, solange wir leben; der letzte ist nicht der bitterste. Karl Heinrich Waggerl

Wo der **Tod** auf uns wartet, ist unbestimmt; wir wollen überall auf ihn gefasst sein. Michel de Montaigne

Niemand stirbt außer an seinem eigenen Tage. Nichts verlierst du von deiner Zeit: Denn was du hinter dir lässt, ist fremdes **Eigentum**. Seneca

Sinn des Lebens

Ach, was ist das **Leben** des Menschen für ein Farben wechselndes Ding!
Heinrich von Kleist

Erst im **Nachdenken** über das Leben wird das Leben recht eigentlich sichtbar für uns – werden die Umrisse der Geschehnisse uns klar – gewinnen Menschen und Dinge Leuchtkraft und Farbe.
Hans Margolius

Alle Menschen nähern sich mehr oder weniger dem einen oder anderen **Extrem**: Das erste ist ein Leben nur für sich, das zweite nur ein Leben für die anderen.
Leo N. Tolstoi

Alles Leben, auch nur einer Minute, hat ewige **Gesetze** hinter sich.
Jean Paul

Alles Leben ist **Kampf**, weil es Feuer ist.
Oswald Spengler

Am farbigen **Abglanz** haben wir das Leben.

Johann Wolfgang von Goethe

Arbeit gibt uns mehr als den **Lebensunterhalt**, sie gibt uns das Leben.

Henry Ford

Auf dein jetziges Leben kommt es an, jetzt sollst du glücklich und entspannt sein – und nicht erst nach zahllosen **Aufschüben**.

Sylvia Plath

Aufmerksamkeit ist das Leben!

Johann Wolfgang von Goethe

Besser werden und das **Leben** besser machen!

Leo N. Tolstoi

Carpe Diem – Nutze den **Tag**!

Horaz

Das **Schicksal** wird seinen Weg finden.

Vergil

Nachdenken über das Leben ist nicht nur ein Klären und Ordnen und Erhellen des Lebens. Es ist zugleich selber ein Leben, selber eine Art, eine eigene Form menschlichen Daseins. Hans Margolius

Da ich das **Dasein** nicht nutze, nutzte das Dasein mich.
Gustave Flaubert

Das Ausfüllen der Zeit durch planmäßig fortschreitende **Beschäftigungen**, die ihnen großen beabsichtigten Zweck zur Folge haben, ist das einzig sichere Mittel, seines Lebens froh und dabei doch auch lebenssatt zu werden. Immanuel Kant

Das **Dasein** ist köstlich, man muss nur den Mut haben, sein eigenes Leben zu führen. Peter Rosegger

Das ganze **Leben** besteht aus Teilen und hat Kreise, wobei sich größere um die kleineren legen. Es gibt aber einen Kreis, der alle umfasst und umringt; er reicht vom Geburtstag bis zum Todestag. Seneca

In jedem einzelnen Menschen spiegelt sich eine Unendlichkeit menschlicher **Möglichkeiten**. Ein Menschenleben, in seiner ganzen Tiefe erfasst, öffnet den Weg zum Verstehen unendlich vieler. Hans Margolius

Das ganze Leben ist ein ewiges **Wiederanfangen**.

Hugo von Hofmannsthal

Das Geheimnis des menschlichen Lebens liegt nicht im bloßen Leben, sondern im **Sinn** des Lebens.

F. M. Dostojewski

Das Leben der meisten ist ein **Fliehen** aus sich selbst heraus. Friedrich Hebbel

Nur wer anderes Denken und Fühlen, anderes Glauben und Wollen neben dem eigenen zu achten weiß, kann um die Vielfalt, kann um den **Reichtum** geistigen Lebens wissen. Hans Margolius

Das Leben eines Menschen ist sein **Charakter**.

Johann Wolfgang von Goethe

Das Leben des Menschen ist, wie jeder Strom, bei seinem Ursprunge am höchsten. Es fließt nur fort, indem es fällt – in das **Meer** müssen wir alle.

Heinrich von Kleist

Das Leben ist die **Suche** des Nichts nach einem Etwas.

Christian Morgenstern

Das **Leben** geht so unerhört vorbei. Man wird verrückt, wenn man darüber nachdenkt.

Franziska Gräfin zu Reventlow

Das **Schicksal** weiß immer das Beste für uns.

Max Dauthendey

Das Leben ist eine **Nuss**. Sie lässt sich zwischen zwei weichen Kissen nicht knacken.

Arthur Miller

Das Leben ist eine ungleichartige, unregelmäßige, vielgestaltige **Bewegung**.

Michel de Montaigne

Das **Leben** ist für uns das, was wir in ihm wahrnehmen.

Fernando Pessoa

Das **Schicksal** verblendet die Sinne, wenn es nicht will, dass seine hereinbrechende Kraft gehemmt wird.

Niccoló Machiavelli

Das Leben ist kein **Spaß**, sondern eine erhabene und feierliche Angelegenheit. Man müsste immer genauso ernst und feierlich leben, wie man stirbt.

Leo N. Tolstoi

Das Leben ist ständige **Schöpfung**, das heißt Hervorbringung neuer, höherer Formen. Leo N. Tolstoi

Das Leben ist weder Zweck noch Mittel, das Leben ist ein **Recht**. Heinrich Heine

Das ist die wichtigste Aufgabe der **Weisheit**, dass mit den Worten die Taten übereinstimmen, dass man selber in jeder Situation sich gleich und derselbe ist.

Seneca

Das **Ziel** des Lebens ist das Gute. Leo N. Tolstoi

Dass wir geschaffen sind, das Unfassbare zu fassen und das Unerträgliche zu ertragen – das ist es, was unser Leben so schmerzvoll und was es zugleich so unerschöpflich **reich** macht. Arthur Schnitzler

Ein Haufen von unbeglichenen Rechnungen – von solchen, deren Bezahlung man uns schuldig blieb, und solchen, die wir nicht begleichen konnten – das ist am Ende die **Bilanz** unseres Lebens. Arthur Schnitzler

Es gilt eine **Wahrheit** zu finden, die Wahrheit für mich sein kann, die Idee zu finden, für die ich leben und sterben will. Sören Kierkegaard

Ich begnüge mich, den **Weltlauf** zu genießen, ohne in ihn einzugreifen; ein Leben zu leben, das wenigstens entschuldbar ist und durch das ich mich und andere nicht unnötig behellige. Michel de Montaigne

Es ist dem Menschen nützlich, dass er alle die **Orte** kennt, wo man leben kann, damit er darauf diejenigen wähle, wo man am angenehmsten wählen kann.

Jean-Jacques Rousseau

Ich fühle, dass **Kleinigkeiten** die Summe des Lebens ausmachen.

Charles Dickens

Nicht zu wissen, welchen **Sinn** unser Leben hat, das ist Elend und Verzweiflung.

Thornton Wilder

Es muss zu einer Änderung der **Lebensweise** kommen. Aber diese Änderung darf nicht durch äußere Umstände, sie muss durch die Seele bewirkt werden.

Leo N. Tolstoi

Das Schicksal mischt die **Karten** und wir spielen.

Arthur Schopenhauer

Das **Schicksal** gewährt uns unsre Wünsche, aber auf seine Weise, um uns etwas über unsere Wünsche geben zu können.

Johann Wolfgang von Goethe

Dein **Schicksal** ist der Nachklang, das Resultat deines Charakters.

Johann Gottfried Herder

Das Leben verlieren ist keine große Sache; aber zuzuschauen, wie der **Sinn** des Lebens aufgelöst wird, das ist unerträglich.

Albert Camus

Dem **Menschen** ist es doch nicht gegeben, abzuwenden, was ihm bestimmt ist.

Herodot

Nach Wahrheit forschen, Schönheit lieben, Gutes wollen, das beste tun – das ist die **Bestimmung** des Menschen.

Moses Mendelssohn

Nur ein für andere gelebtes Leben ist **lebenswert**.

Albert Einstein

Was aber dem Leben **Sinn** verleiht, gibt dem Tod auch Sinn.

Antoine de Saint-Exupéry

Die **Weisheit** kommt durch Liebe, Schweigen und Sterbenlassen herein. Große Weisheit ist es, zu schweigen zu verstehen und weder auf Reden noch auf Tun noch auf fremde Lebensweisen zu achten. Juan de la Cruz

Das ist des Menschen **Ruhm**, zu wissen, dass unendlich sein Ziel ist, und doch nie still zu stehn im Lauf; zu wissen, dass eine Stelle kommt auf seinem Wege, die ihn verschlingt, und doch nicht zu verzögern den Schritt. Friedrich Schleiermacher

Alles, was durch die **Weisheit** hervorgegangen ist, lebt in ihr wie ein reiner und einzig schöner Schmuck und strahlt im lautersten Glanz seines Wesens.
Hildegard von Bingen

Den Menschen allein ist zuteil, sich selbst zu erkennen und verständig zu **denken**. Heraklit

Man muss andere kennen lernen, um sich selbst zu **kennen**. Ludwig Börne

Man muss sich selber kennen: Wenn das auch nicht dazu diente, die **Wahrheit** zu finden, so dient es doch wenigstens dazu, sein Leben zu ordnen; und es gibt nichts, das richtiger wäre. Blaise Pascal

Nichts gibt uns mehr **Aufschluss** über uns selbst, als wenn wir das, was vor einigen Jahren von uns ausgegangen ist, wieder vor uns sehen, so dass wir uns selbst nunmehr als Gegenstand betrachten können.

Johann Wolfgang von Goethe

Wissen wollt ihr und handeln, und keiner fragt sich: Was bin ich für ein Gefäß zum Gehalt? Was für ein **Werkzeug** zur Tat? Johann Wolfgang von Goethe

Das **Ziel** wird auf verschiedenen Wegen erreicht.

Michel de Montaigne

Dieses Werk ist mein **Ziel** – und wenn man sich auf diese eine Idee konzentriert, vereinfacht sich alles, was man tut, es ist nicht chaotisch, sondern alles wird in dieser Absicht getan. Vincent van Gogh

Wie kann man sich selbst kennen lernen? Durch Betrachten niemals, wohl aber durch Handeln. Versuche, deine **Pflicht** zu tun, und du weißt gleich, was an dir ist. Johann Wolfgang von Goethe

Das **Ziel** muss man früher kennen als die Bahn.
Jean Paul

Bleibe im Zentrum, in deinem eigenen und dem der menschlichen Reaktionen. Handle für das **Ziel**, dem dein Leben gilt, mit aller Kraft, die dir in jedem Augenblick zu Gebote steht. Handle ohne Gedanken an die Folgen und ohne in irgendeiner Weise dich selbst zu suchen. Dag Hammarskjöld

Das menschliche Leben wird **sinnlos**, wenn es kein bestimmtes Ziel hat. Michel de Montaigne

Das **Ziel** ist in der Verwirklichung das Letzte, das Erste aber in der Absicht der Vernunft. Thomas von Aquin

Du musst ein **Ziel** haben für dein ganzes Leben, ein Ziel für eine bestimmte Epoche deines Lebens, ein Ziel für einen bestimmten Zeitabschnitt, ein Ziel fürs Jahr, für den Monat, für die Woche, für den Tag wie auch für die Stunde und die Minute und musst jeweils die untergeordneten Ziele den übergeordneten opfern.

Leo N. Tolstoi

Ein **Reisender**, der das Ziel seiner Reise und den Weg kennt, hat einen Reiseplan. Was der Reiseplan dem Reisenden ist, ist der Lebensplan dem Menschen.

Heinrich von Kleist

Jede **Bewegung** verläuft in der Zeit und hat ein Ziel.

Aristoteles

Unserem menschlichen **Wollen** ist es nie gelungen, die Ziele zu erreichen, die wir uns gesteckt haben; und wenn es doch einmal gelungen wäre, würden wir wieder Höheres von uns verlangen und diesem nur ebenso eifrig und vergeblich nachjagen.

Michel de Montaigne

Nicht jedes Ende ist ein **Ziel**. Das Ende der Melodie ist nicht deren Ziel; aber trotzdem: Hat die Melodie ihr Ende nicht erreicht, so hat sie auch ihr Ziel nicht erreicht.
Friedrich Nietzsche

Der **Mensch** ist immer mehr, als er von sich weiß. Er ist nicht, was er ein für allemal ist, sondern er ist der Weg.
Karl Jaspers

Alles hat seine **Zeit**! – Ein Spruch, dessen Bedeutung man bei längerem Leben immer mehr anerkennen lernt.
Johann Wolfgang von Goethe

Die Zeit ist ein strenger **Buchhalter**, ein wahres Kontinuum der Dinge, das nichts übersieht, das nie belügt.
Johann Gottfried Herder

Nicht die **Zeit** des Lebens kann schneller oder langsamer verfließen, sondern die gleiche Zeiteinheit kann mehr oder weniger betonte, scharf unterschiedene, das Bewusstsein erregende Inhalte haben und damit das Tempo des Lebens als ein schnelleres oder langsameres bestimmen.
Georg Simmel

Manche **Zeit** wird uns entrissen, manche gestohlen, manche verrinnt einfach. Seneca

Wann immer wir auch leben mögen; stets stehn wir mit unserm Bewusstsein im Zentrum der **Zeit**, nie an ihren Endpunkten, und könnten daraus abnehmen, dass jeder den unbeweglichen Mittelpunkt der ganzen unendlichen Zeit in sich trägt. Arthur Schopenhauer

Alle Körper sind mit dem **Weltganzen** zusammengewachsen und wirken wie unsere Glieder miteinander zusammen. Mark Aurel

Jeder Mensch hat im Grunde seine eigene Ansicht vom Leben, seine eigene Ordnung der Werte. Was einer dem andern zu geben vermag, ist selten mehr als einzelne **Gedanken** – Bausteine zu einem neuen Bau.

Hans Margolius

Die vernünftige Welt ist als ein großes **Individuum** zu betrachten, das unaufhaltsam das Notwendige bewirkt und dadurch sich sogar über das Zufällige zum Herrn macht. Johann Wolfgang von Goethe

Die Welt, in der jeder lebt, hängt zunächst ab von seiner **Auffassung** derselben, richtet sich daher nach der Verschiedenheit der Köpfe: Dieser gemäß wird sie arm, schal und flach oder reich, interessant und bedeutungsvoll ausfallen. Arthur Schopenhauer

Die Welt ist einmal, wie sie ist, und die **Dinge** verlaufen nicht, wie wir wollen, sondern wie andere wollen.

Theodor Fontane

Die **Welt** ist ungeworden und unvergänglich.

Aristoteles

Die Welt wird schöner mit jedem Tag, Man weiß nicht, was noch werden mag, Das **Blühen** will nicht enden.

Ludwig Uhland

Der **Mensch** erkennt sich nur im Menschen, nur das Leben lehrt jeden, was er sei.

Johann Wolfgang von Goethe

In dieser Welt gibt es nur zwei **Tragödien**. Die eine ist, nicht zu bekommen, was man möchte, und die andere ist, es zu bekommen. Oscar Wilde

Lass die **Welt** ihren Gang tun, wenn er nicht aufgehalten werden kann, wir gehen den unsern.

Friedrich Hölderlin

Menschen mögen noch so verschiedene **Ansichten** vom Leben haben, noch so verschiedenen, ja gegensätzlichen Idealen hingegeben sein – sie können darum doch einander von ganzem Herzen zugetan sein. Es gibt offenbar hinter den Ansichten, den Überzeugungen, den Idealen der Menschen etwas noch Tieferes: eine Art geistiger Aufgeschlossenheit vielleicht, eine Art Menschlichkeit, vor der alle Verschiedenheiten, alle Gegensätze der Lebensansicht, alle Verschiedenheiten, alle Gegensätze der Ideale bedeutungslos werden.

Hans Margolius

Alle geschaffenen Wesen haben darin an der göttlichen Gutheit teil, dass sie das **Gute**, das sie selber besitzen, auf andre Weise ausströmen. Denn es gehört zum Wesen des Guten, dass es sich andern mitteilt.

Thomas von Aquin

Alles, was ist, und sei es auf welche Weise
auch immer – sofern es seiend ist, ist es **gut**.

Thomas von Aquin

Es bedarf keiner allzu großen Kunst, im Menschen, im Leben, in der Welt Mängel und Schwächen und Dunkel zu finden. Aber fast jedes **Wissen** dieser Art ist unvollständig, ist nur eine halbe Wahrheit: solange wir die Fähigkeit im Mangel, die Stärke der Schwäche, das Licht im Dunkel nicht sehen.

Hans Margolius

Das **Gute** dieser Welt ist einer anderen Welt, die etwa existieren könnte, ebenso wenig mitteilbar, wie mein Sinn mitteilbar ist an diesen oder jenen.

Giordano Bruno

Alle Wesen erstreben das Gute, doch nicht alle erkennen das **Wahre**.

Thomas von Aquin

Alles Wissen besteht in einer sicheren und klaren **Erkenntnis**.

René Descartes

Das Geringste an Erkenntnis, das einer über die erhabensten Dinge zu gewinnen vermag, ist ersehnenswerter als das gewisse **Wissen** von den niederen Dingen.

Thomas von Aquin

Der Grund und Boden, auf dem alle unsere Erkenntnisse und Wissenschaften ruhen, ist das **Unerklärliche**.

Arthur Schopenhauer

Die **Anschauung** ist das Fundament der Erkenntnis.

Johann Heinrich Pestalozzi

Es gäbe keinen bewussten Willen zum Leben: wenn nicht **Ideen** wären, für die man zu leben begehrte; wenn nicht Menschen wären, mit denen man leben wollte.

Hans Margolius

Dichter und Denker von A–Z

Adenauer, Konrad (1876–1967), dt. Staatsmann 90, 108, 213
Adorno, Theodor W. (1903–1969), dt. Philosoph 118
Aesop (um 600 v. Chr.), griech. Fabeldichter 291
Aischylos (525–456 v. Chr.), griech. Dichter 257, 279, 298
Altenberg, Peter (1859–1919), österr. Schriftsteller 249, 251
Amiel, Henri-Frédéric (1821–1881), schweiz. Schriftsteller 263, 314, 333
Antiphon (480–411 v. Chr.), griech. Philosoph 67, 328
Aquin, Thomas von (um 1225–1274), it. Philosoph 126, 141, 366, 382, 388, 389
Aristophanes (445–322 v. Chr.), griech. Komödiendichter 35
Aristoteles (384–322 v. Chr.), griech. Philosoph 11, 63, 150, 155, 156, 157, 185, 211, 215, 232, 239, 240, 249, 253, 261, 263, 280, 298, 306, 311, 338, 339, 355, 383, 386
Arndt, Ernst Moritz (1769–1860), dt. Schriftsteller 148
Arnim, Bettina von (1785–1859), dt. Schriftstellerin 14, 119, 127, 132, 135, 137, 195, 367
Augustinus (354–430), röm. Theologe 125, 126, 138, 278, 303, 321
Aurel, Mark (121–180), röm. Kaiser 29, 95, 116, 203, 222, 266, 303, 321, 385
Bacon, Francis (1561–1626), engl. Staatsmann u. Philosoph 50, 105, 122, 155, 214, 237, 241, 243, 253, 254, 319, 363
Balzac, Honoré de (1799–1850), frz. Schriftsteller 19, 97, 104, 131, 133, 145, 157, 160, 166, 167, 168, 170, 176, 191, 239, 252, 256, 296, 314
Bang, Hermann Joachim (1857–1912) 208
Baudelaire, Charles Pierre (1821–1867), frz. Dichter 195, 211, 295, 309
Bauernfeld, Eduard von (1802–1890), österr. Schriftsteller 312
Beauvoir, Simone de (1908–1986), frz. Schriftstellerin 42, 166, 167, 277

Bebel, August (1840–1913), dt. Politiker 313
Bellow, Saul (1915–2005), amerik. Schriftsteller 144, 284
Benjamin, Walter (1892–1940), dt. Philosoph 277
Bernanos, Georges (1888–1948), frz. Schriftsteller 10
Bernard von Clairvaux (um 1090–1153), frz. Mystiker 325, 326
Bierbaum, Otto Julius (1865–1910), dt. Schriftsteller 8, 183
Bierce, Ambrose (1842–1914), amerik. Satiriker u. Schriftsteller 37, 97, 153, 204, 238, 243, 274
Bingen, Hildegard von (1098–1179), dt. Benediktinerin 210, 380
Bismarck, Otto von (1815–1898), dt.-preuß. Staatsmann 19, 55, 70, 88, 212, 213, 243, 353
Bloch, Ernst (1885–1977), dt. Philosoph 142, 236, 340
Bodelschwingh, Friedrich von (1831–1910), dt. Theologe 148
Bodenstedt, Friedrich von (1819–1892), dt. Schriftsteller 60, 218, 286, 354
Böll, Heinrich (1917–1985), dt. Schriftsteller 40
Bonsels, Waldemar (1880–1952), dt. Schriftsteller 186, 303, 355
Börne, Ludwig (1786–1837), dt. Schriftsteller 17, 32, 33, 59, 144, 145, 147, 176, 214, 236, 273, 335, 358, 380
Brandt, Willy (1913–1992), dt. Politiker u. Bundeskanzler 11, 178, 232, 266
Brecht, Bertolt (1898–1956), dt. Schriftsteller 197, 245, 250, 251, 288
Brentano, Clemens (1778–1842), dt. Dichter 28, 29, 132, 353
Britten, Benjamin (1913–1976), engl. Komponist 180
Bruno, Giordano (1548–1600), it. Philosoph 388
Bruyère, Jean de la (1645–1696), frz. Schriftsteller 36, 49, 70, 74, 95, 108, 115, 124, 130, 139, 141, 155, 157, 213, 220, 221, 233, 263, 343, 361
Buber, Martin (1878–1965), österr. Philosoph 85, 234
Büchner, Georg (1813–1837), dt. Schriftsteller 77, 209
Buck, Pearl S. (1892–1973), amerik. Schriftstellerin 252, 280, 300, 317
Burckhardt, Carl Jacob (1891–1974), schw. Historiker 184, 238
Busch, Wilhelm (1832–1908), dt. Dichter u. Zeichner 34, 134, 135, 157, 228, 277, 289, 310, 336

Byron, Lord (1788–1824), brit. Dichter 284
Camus, Albert (1913–1960), frz. Schriftsteller 379
Capek, Josef (1887–1945), tschech. Maler u. Schriftsteller 14
Carlyle, Thomas (1795–1881), schott. Historiker 209
Casanova, Giacomo (1725–1798), ital. Schriftsteller 128
Cato (234–149 v. Chr.) röm. Schriftsteller 80
Chamfort, Nicolas (1741–1794) frz. Moralist 72, 88, 96, 99, 100, 143, 153, 156, 169, 172, 198, 243, 308, 348
Chardonne, Jacques (1884–1968), frz. Schriftsteller 298
Chesterton, Gilbert Keith (1874–1936), engl. Schriftsteller 10, 81, 98, 148, 252
Christina von Schweden (1626–1689), schwed. Königin u. Aphoristikerin 22, 36, 65, 70, 71, 128, 129, 173, 255, 281, 349
Cicero, Marcus Tullius (106–43 v. Chr.), röm. Staatsmann u. Schriftsteller 30, 32, 34, 42, 45, 49, 52, 59, 61, 63, 64, 66, 92, 95, 103, 108, 149, 159, 201, 231, 232, 241, 244, 258, 280, 281, 301, 327, 336, 362
Cioran, É. M. (*1911) rumän.-frz. Schriftsteller 355
Clausewitz, Karl von (1780–1831) preuß. Militärtheoretiker 72
Cruz, Juan de la (1542–1591), span. Mystiker 380
Dante Alighieri, (1265–1321), ital. Dichter u. Philosoph 112, 149, 230
Dauthendey, Max (1867–1918), dt. Dichter 375
Da Vinci, Leonardo (1452–1519), it. Universalgenie 363
Dehmel, Richard (1863–1920), dt. Schriftsteller 206
Descartes, René (1596–1650), frz. Philosoph 389
Dickens, Charles (1812–1870), engl. Schriftsteller 26, 378
Diogenes (um 400–325 v. Chr.), griech. Philosoph 239, 278, 308, 361
Döblin, Alfred (1878–1957), dt. Schriftsteller 197, 302
Doderer, Heimito von (1896–1966), österr. Schriftsteller 31, 51, 73, 82, 98, 179
Dostojewski, Fjodor Michailowitsch (1821–1881), russ. Schriftsteller 44, 110, 198, 244, 291, 292, 293, 294, 295, 296, 305, 374
Dürrenmatt, Friedrich (1921–1990), schweiz. Schriftsteller 202
Eckermann, Johann Peter (1792–1854), dt. Dichter 24

Ebner-Eschenbach, Marie, Freifrau von (1830–1916), österr. Schriftstellerin 8, 15, 16, 17, 38, 39, 41, 58, 63, 65, 70, 78, 80, 94, 104, 112, 113, 114, 115, 116, 121, 146, 149, 152, 160, 170, 172, 174, 175, 179, 182, 187, 193, 195, 196, 205, 211, 216, 217, 226, 228, 257, 263, 264, 270, 272, 293, 298, 299, 304, 331, 347, 358
Edison, Thomas Alva (1876–1935), amerik. Erfinder 212
Ehrenburg, Ilja (1891–1967), russ. Schriftsteller 50
Einstein, Albert (1879–1955), dt.-amerik. Physiker 22, 27, 33, 102, 106, 237, 302, 379
Emerson, Ralph Waldo (1803–1882). amerik. Philosoph u. Dichter 28, 29, 38, 74, 87, 100, 101, 133, 151, 158, 192, 217, 229, 236, 244
Engels, Friedrich (1820–1895), dt. Philosoph u. Politiker 162
Epiktet (341–270 v. Chr.), griech. Philosoph 64, 91, 98, 105, 156, 187, 254, 360, 363
Epikur von Samos (341–270 v. Chr.), griech. Philosoph 129, 155, 227, 230, 239, 277, 287, 298, 300, 309, 311, 317, 361, 362, 368
Euripides (480–406 v. Chr.), griech. Tragödiendichter 224, 238, 240, 247, 187, 237, 254, 257, 279, 292, 294, 295
Fellini, Federico (1920–1993), ital. Regisseur 251
Feuchtersleben, Ernst Freiherr von (1806–1849), österr. Schriftsteller 164, 183, 231, 294, 305, 313, 340
Feuchtwanger, Lion (1884–1958), dt. Schriftsteller 198
Feuerbach, Ludwig (1804–1872) dt. Philosoph 132, 135, 145, 291
Flake, Otto (1880–1963), dt. Schriftsteller 121
Flaubert, Gustave (1821–1880), frz. Dichter 30, 198, 292, 304, 327, 334, 347, 355, 373
Fock, Gorch (1880–1916), dt. Schriftsteller 27
Fontaine, Jean de la (1621–1695), frz. Schriftsteller 206, 228
Fontane, Theodor (1819–1898), dt. Schriftsteller 89, 92, 94, 151, 196, 210, 211, 241, 263, 268, 271, 274, 286, 300, 306, 307, 332, 343, 356, 386
Ford, Henry (1863–1947), am. Automobilproduzent 24, 30, 212, 217, 244, 245, 249, 253, 372
Fouché, Joseph (1759–1820), frz. Politiker 91
Franklin, Benjamin (1706–1790), amerik. Staatsmann u. Philosoph 23, 89, 102, 126, 174, 200, 245, 247, 252, 255, 281, 309, 344

Freud, Sigmund (1856–1939), österr. Arzt u. Kulturphilosoph 267, 275, 285
Freytag, Gustav (1816–1895), dt. Dichter 234
Friedrich II. (1712–1786), preuß. König 79
Friedell, Egon (1878–1938), österr. Kulturphilosoph 271
Frisch, Max (1911–1991), schweiz. Schriftsteller 352
Gandhi, Mahatma (1869–1948), ind. Politiker 254
Gaulle, Charles de (1890–1970), frz. Politiker 242
Gebrüder Grimm: Jacob Grimm (1785–1863), Wilhelm Grimm (1786–1859), dt. Märchensammler 352
Geibel, Emanuel (1815–1884), dt. Dichter 181, 203, 280, 360
Getty, Jean Paul (1892–1976), amerik. Kunstmäzen 245, 246
Gide, André (1869–1951), frz. Schriftsteller 21, 40, 129, 136, 219, 260, 264, 302, 312, 321
Gleim, Johann Ludwig Wilhelm (1719–1803), dt. Dichter 265
Goethe, Johann Wolfgang von (1749–1832), dt. Dichter 8, 9, 11, 13, 14, 15, 17, 18, 20, 21, 22, 23, 25, 26, 29, 31, 32, 33, 35, 36, 44, 45, 47, 55, 58, 59, 60, 61, 63, 65, 66, 74, 80, 81, 85, 86, 89, 90, 93, 94, 98, 101, 102, 104, 108, 109, 112, 113, 114, 115, 116, 117, 118, 123, 139, 140, 147, 148, 149, 150, 154, 161, 162, 165, 172, 174, 181, 182, 184, 186, 187, 188, 189, 190, 192, 193, 196, 199, 202, 204, 205, 208, 213, 215, 216, 217, 220, 221, 226, 227, 228, 229, 234, 235, 242, 246, 251, 253, 255, 257, 258, 259, 261, 262, 268, 269, 272, 280, 283, 288, 293, 299, 300, 305, 308, 311, 312, 317, 319, 322, 324, 325, 331, 332, 333, 340, 341, 342, 343, 344, 347, 350, 351, 365, 372, 374, 378, 381, 382, 384, 385, 386
Götz, Curt (1888–1960), dt.-schweiz. Schriftsteller 212
Gogh, Vincent van (1853–1890), niederl. Maler 381
Gorki, Maxim (1868–1936), russ. Schriftsteller 113
Gött, Emil (1864–1908), dt. Schriftsteller 116, 227
Gotthelf, Jeremias (1797–1854), schweiz. Schriftsteller 278, 300
Gracián y Morales, Balthasar (1601–1658), span. Philosoph u. Schriftsteller 57, 59, 68, 106, 110, 202, 219, 270, 310
Grillparzer, Franz (1791–1872), österr. Dichter 29, 69, 185, 190, 200, 284, 329, 356
Gross, Johannes (1932–1999), dt. Publizist 264

Guggenheim, Kurt (1896–1983), schweiz. Schriftsteller 50
Gutzkow, Karl (1811–1878), dt. Schriftsteller 164, 276
Hagedorn, Friedrich von (1708–1754), dt. Schriftsteller 273, 338
Hammarskjöld, Dag (1905–1961), schwed. Staatssekretär 382
Hamsun, Knut (1859–1912), norw. Schriftsteller 250, 359
Hauptmann, Carl (1858–1921), dt. Dramatiker 76
Hauptmann, Gerhart (1862–1946), dt. Schriftsteller 76, 141, 177, 196, 314
Hayek, Friedrich August von (1899–1992), österr. Ökonom 252
Hebbel, Christian Friedrich (1813–1863), dt. Dichter 14, 21, 22, 28, 74, 79, 83, 110, 124, 127, 134, 138, 163, 183, 185, 189, 194, 230, 238, 275, 277, 294, 320, 325, 330, 333, 357, 364, 365, 374
Hebel, Johann Peter (1760–1826), dt. Schriftsteller 58, 30, 262
Hegel, Georg Wilhelm Friedrich (1770–1831), dt. Philosoph 103, 183, 255
Heidegger, Martin (1889–1976), dt. Philosoph 316, 335
Heine, Heinrich (1797–1856), dt. Dichter 20, 98, 99, 105, 118, 119, 138, 143, 149, 162, 184, 188, 194, 232, 256, 267, 279, 317, 329, 344, 376
Hemingway, Ernest (1899–1961), amerik. Schriftsteller 271
Heraklit (567–480 v. Chr.), griech. Histotiker 60, 92, 106, 184, 328, 338, 362, 380
Herbart, Johann Friedrich (1776–1841), dt. Philosoph 26
Herder, Johann Gottfried von (1744–1803), dt. Dichter u. Philosoph 16, 88, 104, 177, 203, 330, 235, 345, 379, 384
Heyse, Paul von (1830–1914), dt. Schriftsteller 34, 69
Hieronymus (347–420), Kirchenvater 122
Hilty, Carl (1833–1909), schweiz. Schriftsteller 43, 54, 85, 94, 180
Hoffmann, E. T. A. (1776–1822), dt. Dichter 194
Hofmannsthal, Hugo von (1874–1929), österr. Dichter 42, 43, 54, 56, 81, 235, 356, 374
Hölderlin, Johann Christian Friedrich (1770–1843), dt. Dichter 9, 10, 18, 38, 117, 130, 193, 214, 238, 360, 387
Horaz (65–8 v. Chr.), röm. Dichter 73, 78, 108, 142, 203, 247, 254, 306, 307, 315, 348, 357, 372
Huch, Ricarda (1864–1947), dt. Dichterin 121

Hufeland, Christoph Wilhelm (1762–1836), dt. Arzt 48
Hugo, Victor (1802–1885), frz. Schriftsteller 51, 205, 286
Humboldt, Wilhelm von (1767–1835), dt. Staatsmann u. Philosoph 37, 38, 53, 62, 63, 137, 207, 215, 224, 266, 356, 364
Huxley, Aldous (1894–1963), brit. Schriftsteller 276
Ibsen, Henrik (1828–1906), norw. Dichter 285, 287
Ionesco, Eugène (1909–1974), frz.-rumän. Autor 55
Jaspers, Karl 1883–1969), dt. Philosoph 53, 81, 384
Jefferson, Thomas (1743–1826), 3. US-Präsident 64, 251
Johnson, Samuel (1709–1784), brit. Schriftsteller 59, 62, 162, 181, 189, 306
Joubert, Joseph (1754–1824), frz. Moralist 8, 11, 37, 55, 57, 95, 109, 11, 187, 197, 208, 223, 242, 283, 335, 351
Jouffroy, Théodore (1796–1842), frz. Philosoph 93
Juvenal (50–140), röm. Dichter 281, 353
Kafka, Franz (1883–1924), österr. Schriftsteller 21, 120, 290, 358, 359
Kant, Immanuel (1724–1804), dt. Philosoph 24, 36, 71, 77, 107, 128, 163, 207, 240, 242, 246, 260, 323, 350, 364, 373
Keller, Gottfried (1819–1890), schweiz. Dichter 9, 146, 153, 176, 195, 206, 207, 214, 218, 350
Kierkegaard, Sören Aabye (1813–1855), dän. Philosoph 75, 142, 162, 201, 272, 300, 341, 377
King, Martin Luther (1929–1963), amerik. Bürgerrechtler 79, 224
Kishon, Ephraim (1924–2005), israel. Satiriker u. Schriftsteller 151, 320, 323
Kleist, Heinrich von (1777–1811), dt. Dichter 96, 109, 122, 164, 179, 189, 225, 240, 260, 267, 289, 308, 346, 362, 371, 375, 383
Klopstock, Gottlieb (1724–1803), dt. Dichter 132
Körner, Theodor (österr. Politiker oder dt. Schriftsteller?)
Knigge, Adolph Freiherr von (1752–1796), dt. Schriftsteller 101, 201, 202, 234, 235, 338
Konfuzius (555–479 v. Chr.) chin. Philosoph 26, 76, 83, 175, 180, 186, 190, 191, 219, 224, 278, 305, 348
Kotzebue, August von (1761–1819), dt. Dramatiker 124, 147, 174

Kraus, Karl (1874–1936), österr. Kritiker 39, 82, 177, 184, 186, 193, 218, 246, 320
Krupp, Alfred (1812–1887), dt. Industrieller 209
La Bruyére, Jean de (1645–1696), frz. Moralphilosoph u. Schriftsteller 36, 49, 70, 74, 95, 108, 115, 124, 130, 139, 141, 155, 157, 213, 220, 221, 233, 263, 343, 361
La Rochefoucauld, Francois VI. Duc de (1613–1680), franz. Schriftsteller u. Moralist 16, 31, 35, 43, 53, 62, 64, 68, 77, 85, 97, 102, 107, 112, 116, 135, 137, 138, 140, 146, 147, 158, 152, 154, 158, 159, 213, 218, 219, 231, 236, 265, 268, 291, 324, 335, 338, 346, 359
Lagarde, Paul de (1827–1891), dt. Kulturphilosoph 23, 190
Lavater, Johann Kaspar (1741–1801), schweiz. Philosoph 357
Lawrence, David Herbert (1885–1930), engl. Schriftsteller 40, 144
Le Fort, Gertrud von (1876–1971), dt. Schriftstellerin 297
Leibniz, Gottfried Wilhelm (1646–1716), dt. Philosoph 64, 232
Lenau, Nikolaus (1802–1850), österr. Schriftsteller 265
Leonardo da Vinci (1452–1519), ital. Universalgenie 363
Lessing, Gotthold Ephraim (1729–1781), dt. Dichter u. Philosoph 24, 45, 48, 53, 57, 72, 107, 127, 142, 148, 150, 180, 185, 190, 217, 238, 267, 282, 324
Lichtenberg, Georg Christoph (1742–1799), dt. Physiker u. Philosoph 23, 25, 28, 33, 36, 48, 58, 75, 76, 80, 87, 139, 174, 182, 191, 205, 208, 223, 248, 316, 324, 326, 328, 331, 336, 351
Ligne, Joseph von (1735–1814), belg. Diplomat u. Schriftsteller 73 Liliencron, Detlev von (1844–1909), dt. Schriftsteller 177
Lincoln, Abraham (1809–1865), amerik. Staatsmann 66, 78, 261, 285
Lindbergh, Anne Morrow (1906–2001), amerik. Schriftstellerin 168
Locke, John (1632–1704), engl. Philosoph 212, 287
Logau, Friedrich von (1605–1655), dt. Dichter 338
Lübke, Heinrich (1894–1972), dt. Politiker 178
Lukian (um 120 – nach 180), griech. Schriftsteller 67, 254
Luther, Martin (1483–1546), dt. Reformator 18, 40, 79, 116, 163, 170, 206, 211, 224, 227, 239, 304, 318, 334, 361
Luxemburg, Rosa ((1870–1919), dt. Politikerin 98

Machiavelli, Niccoló (1469–1527), ital. Politiker u. Historiker 91, 218, 259, 267, 326, 357, 376
Maeterlinck, Maurice (1862–1949), belg. Schriftsteller 297
Mann, Thomas (1875–1955), dt. Schriftsteller 75, 140, 256, 296
Mansfield, Katherine (1888–1923), neuseel.-brit. Schriftstellerin 113, 264, 331, 339
Marcuse, Ludwig (1894–1971), dt. Philosoph 16, 325, 326
Margolius, Hans (1902–1984), dt.-amerik. Philosoph 9, 67, 68, 69, 119, 120, 123, 136, 153, 154, 158, 161, 262, 263, 265, 266, 267, 269, 273, 275, 303, 354, 371, 373, 374, 385, 388, 389
Martial (40–102), röm. Dichter 42, 163, 265
Marx, Karl (1818–1883), dt. Philosoph 205, 210
Maurois, André (1885–1967), frz. Schriftsteller 56, 141, 301
Meir, Golda (1898–1978), israel. Politikerin 50
Menander (342/341 – 291/290 v.Chr.), griech. Komödiendichter
Mendelssohn, Moses (1729–1786), dt.-jüd. Philosoph 379
Mendelssohn-Bartholdy, Felix (1809–1847), dt. Komponist 203
Meyer, Conrad Ferdinand (1825–1898), schweiz. Dichter 78, 84, 192
Mill, John Stuart (1806–1873) brit. Philosoph 167
Miller, Arthur (1915–2005), amerik. Schriftsteller 375
Molière, Jean Baptiste (1622–1673), frz. Komödiendichter 87, 126, 147, 203, 222, 318
Moltke, Helmuth Graf von (1800–1891), dt.-preuß. Generalfeldmarschall 219, 279
Mommsen, Theodor (1817–1903), dt. Historiker 209
Montaigne, Michel de (1533–1592), frz. Philosoph u. Schriftsteller 12, 43, 45, 52, 57, 94, 158, 160, 165, 168, 176, 202, 215, 219, 233, 249, 250, 289, 299, 316, 323, 329, 334, 344, 345, 351, 359, 365, 366, 368, 369, 370, 375, 377, 381, 382, 383
Montesquieu, Charles Baron de la Brède et de (1698–1755), frz. Philosoph u. Staatstheoretiker 8, 32, 33, 36, 59, 151, 207, 222, 262, 273, 311, 319, 350
Montherlant, Henry de (1895–1972), frz. Schriftsteller 130, 166
Morgenstern, Christian (1871–1914), dt. Dichter 66, 75, 82, 93, 304, 327, 375
Munthe, Axel (1857–1949), schwed. Schriftsteller 251

Musil, Robert (1880–1942), österr. Schriftsteller 42, 125, 126, 286
Napoleon I. (1769–1821) frz. Kaiser 72, 129, 145, 269
Nestroy, Johann Nepomuk (1801–1862), österr. Dichter 177, 194, 248, 268, 276, 282, 310, 342, 352, 362
Nietzsche, Friedrich Wilhelm (1844–1900), dt. Philosoph 15, 71, 73, 75, 76, 102, 107, 109, 111, 135, 144, 166, 169, 170, 171, 176, 185, 193, 200, 221, 237, 246, 254, 259, 278, 279, 286, 288, 289, 296, 301, 308, 316, 322, 326, 327, 333, 335, 339, 340, 341, 346, 357, 360, 366, 384
Northcote Parkinson, Cyril (1909–1993), brit. Historiker 201
Novalis (1772–1801), dt. Dichter 26, 78, 118, 126, 127, 131, 132, 167, 186, 187, 189, 191, 234, 283, 293, 307, 328, 329, 344, 361, 364, 368
Onassis, Aristoteles (1906–1975), griech. Reeder 249
Ortega y Gasset, José (1883–1955) span. Kulturphilosoph 146
Osborne, John (1929–1994), engl. Dramatiker 73
Ovid (43–17 v. Chr.), röm. Dichter 28, 35, 46, 47, 52, 111, 121, 124, 141, 145, 216, 225, 226, 230, 247, 281, 303, 322, 340, 342, 348, 352, 357, 369
Pascal, Blaise (1623–1662), frz. Philosoph 27, 61, 68, 127, 141, 146, 202, 262, 266, 331, 359, 381
Paul, Jean (1763–1825), dt. Dichter 18, 19, 24, 31, 21, 33, 40, 55, 84, 109, 119, 125, 131, 142, 160, 169, 175, 183, 214, 224, 239, 274, 296, 296, 325, 341, 367, 371, 382
Pavese, Cesare (1908–1950), ital. Schriftsteller 15, 42, 43, 138, 367
Penzoldt, Ernst (1892–1955), dt. Schriftsteller 55
Pessoa, Fernando (1888–1935), portug. Dichter 376
Pestalozzi, Johann Heinrich (1746–1827), schweiz. Pädagoge 136, 227, 282, 290, 389
Phaedrus (20 v. – 51 n.Chr.), röm. Fabeldichter 121, 189
Philemon (um 360 – um 264 v.Chr.), griech. Dichter 335, 336
Pirandello, Luigi (1867–1936), ital. Schriftsteller 91
Platen, August Graf von (1796–1835), dt. Dichter 9, 17, 67
Plath, Sylvia (1932–1963), amerik. Schriftstellerin 372
Platon (428/427 – 348/347 v.Chr.), griech. Philosoph 66, 231, 241, 310, 345, 366

Plautus (um 254 – um 184 v. Chr.), röm. Komödiendichter 247, 261, 264, 352
Plutarch (46–120), griech. Philosoph 65, 86, 146, 367
Poe, Edgar Allen (1809–1849), amerik. Schriftsteller 278
Polgar, Alfred (1873–1955), österr. Schriftsteller 40, 77, 122, 157, 220, 28, 307
Ponce de Léon, Luis ?? nicht zu finden in wiki
Properz (um 50 v. Chr. - um 16 n. Chr.). röm. Dichter 120
Proust, Marcel (1871–1922), frz. Schriftsteller 329
Prudhomme, Sully (1839–1907), frz. Schriftsteller 222, 322, 335, 337
Puschkin, Alexander (1799–1837), russ. Dichter 19
Quintilian (35–96), röm Schriftsteller 181
Raabe, Wilhelm (1831–1910), dt. Dichter 39, 46, 164, 184, 188, 258, 282, 288, 303, 353, 364
Raimund, Ferdinand (1790–1836), österr. Schriftsteller 13, 133
Ranke, Leopold von (1795–1886), dt. Historiker 74, 93
Rathenau, Walther (1867–1922), dt. Politker 82, 91, 120, 121, 125, 131, 132, 144, 198, 270
Reich-Ranicki, Marcel (*1920), dt. Literaturkritiker 245
Remarque, Erich Maria (1898–1970), dt. Schriftsteller 17, 137
Renard, Jules (1864–1910) frz. Schriftsteller 16, 86, 271, 367
Reventlow, Franziska Gräfin (1871–1918), dt. Schriftstellerin 13, 14, 112, 117, 149, 251, 310, 323, 336, 339, 368, 375
Rilke, Rainer Maria (1875–1926), österr. Dichter 76, 133, 229, 369
Ringelnatz, Joachim (1883–1934), dt. Dichter u. Maler 249, 299
Ritter, Johann Wilhelm (1776–1810), dt. Philosoph 322
Rockefeller, John Davison (1839–1937), amerik. Unternehmer 257
Roda Roda (1872–1945), österr. Schriftsteller 327
Rolland, Romain (1866–1944), frz. Schriftsteller 87, 283
Roosevelt, Franklin Delano (1882–1945), amerik. Politiker 320
Rosegger, Peter (1843–1918), österr. Schriftsteller 16, 103, 119, 161, 165, 188, 279, 285, 290, 353, 373
Rotterdam, Erasmus von (1465–1536), niederl. Gelehrter u. Humanist 137, 258, 265, 312, 318, 321

Rousseau, Jean-Jacques (1712–1778), frz. Schriftsteller u. Philosoph 10, 12, 111, 165, 166, 170, 171, 179, 220, 224, 264, 284, 295, 301, 309, 311, 337, 339, 342, 343, 345, 378
Rückert, Friedrich (1788–1866), dt. Dichter 34, 150, 332
Ruskin, John (1819–1900), engl. Kunsthistoriker 210
Russell, Bertrand Earl (1872–1970), engl. Philosoph 302, 341
Saint-Exupéry, Antoine de (1900–1944), frz. Schriftsteller 138, 233, 379
Sales, Franz von (1567–1622), frz. Mystiker 68, 79, 360
Sand, George (1804–1876) frz. Schriftstellerin 27, 130, 161
Sartre, Jean Paul (1905–1980), frz. Philosoph 12, 23, 320
Schaukal, Richard von (1874–1942), österr. Dichter 82, 136, 359
Schlegel, Friedrich (1767–1845), dt. Dichter u. Sprachwissenschaftler 128, 176, 222
Schleiermacher, Friedrich (1768–1834), dt. Philosoph 124, 152, 173, 259, 299, 380
Schneider, Reinhold (1903–1958), dt. Schriftsteller 319
Schnitzler, Arthur (1862–1931), österr. Schriftsteller 11, 81, 84, 87, 93, 168, 276, 286, 302, 314, 315, 337, 346, 362, 377
Schopenhauer, Arthur (1788–1860), dt. Philosoph 10, 12, 14, 19, 38, 44, 68, 89, 90, 97, 99, 130, 150, 151, 175, 192, 237, 248, 256, 262, 273, 275, 277, 284, 297, 313, 323, 330, 333, 354, 366, 378, 385, 386, 389
Schweden, Christina von (1626–1689), schwed. Königin 22, 36, 65, 70, 71, 128, 129, 173, 255, 281, 349
Schweitzer, Albert (1875–1965), dt. Humanist u. Schriftsteller 30, 223, 225, 283
Selbmann, Fritz oder Friedrich ?? () 48
Seneca, Lucius Annaes (4 v. Chr.-65 n. Chr.), röm. Philosoph u. Dichter 108, 109, 141, 152, 156, 182, 217, 226, 241, 259, 260, 264, 270, 274, 281, 305, 307, 310, 318, 319, 321, 330, 346, 349, 351, 354, 358, 362, 363, 370, 373, 376, 385
Seume, Johann Gotttfried (1763–1810), dt. Schriftsteller 51, 95
Shakespeare, William (1564–1616), engl. Dichter u. Dramatiker 19, 34, 46, 54, 77, 124, 125, 127, 173, 193, 229, 247, 291, 294, 297, 321, 322, 341, 349, 363

Shaw, George Bernard (1856–1950), irischer Schriftsteller u. Dramatiker 20, 39, 75, 122, 184, 193, 204, 246, 252, 258, 274, 206, 340, 361, 365
Simmel, Georg (1858–1918), dt. Philosoph u. Soziologe 250, 287, 384
Simmel, Johannes Mario (1924–2009), österr. Schriftsteller 287
Skupy, Hans-Horst (*1942) dt. Schriftsteller u. Aphoristiker 313
Smiles, Samuel (1812–1904), engl. Sozialreformer 69, 72, 73, 86, 89, 99, 101, 207, 218, 220, 290, 349
Sokrates (470–399 v. Chr.), griech. Philosoph 31, 173
Solon (um 640–561 v. Chr.), griech. Dichter 33, 45
Solschenizyn, Alexander (1918–2008), russ. Schriftsteller 84
Somerset Maugham, William (1874–1965), engl. Dramatiker 91, 243, 276
Sophokles (495–406 v. Chr.), griech. Tragödiendichter 25, 118, 229, 237, 240, 241, 289, 290, 295, 296, 318, 329
Spengler, Oswald (1880–1936), dt. Kulturphilosoph 52, 60, 181, 250, 272, 293
Sperber, Manès (1905–1984), österr.-frz. Schriftsteller 270
Spinoza, Baruch de (1632–1677), niederl. Philosoph 131, 342, 349, 367
Spitteler, Carl (1845–1924), schweiz. Dichter 342
Spranger, Eduard (1882–1963), dt. Philosoph 78, 80
Staël, Germaine de (1766–1817), frz. Schriftstellerin 84
Stanhope, Philipp Earl of Chesterfield (1694–1773), brit. Schriftsteller 101, 103, 235
Steinbeck, John (1902–1968), amerik. Schriftsteller 40, 103, 212, 233, 250
Stendhal (1783–1842), frz. Dichter 74, 97, 121, 122, 132, 134, 142, 165, 248, 306
Stevenson, Robert Louis Balfour (1850–1894), schott. Schriftsteller 163, 233, 288, 289, 353
Stifter, Adalbert (1805–1868), österr. Schriftsteller 51, 99, 113, 134, 176, 178, 209, 223, 238, 284, 332
Storm, Theodor (1817–1888), dt. Schriftsteller 21, 49, 134, 205

Strindberg, Johan August (1849–1912), schwed. Schriftsteller 96, 171, 178, 272, 285, 294, 355
Suttner, Bertha von (1843–1914), österr. Pazifistin u. Schriftstellerin 20
Swift, Jonathan (1667–1745), ir. Schriftsteller 35, 46, 52, 85, 164, 173, 276, 352
Sylva, Carmen (1843–1916), dt. Schriftstellerin, Königin von Rumänien 314
Syrus, Publilius (1. Jahrhundert v. Chr.) Mimen-Autor 144, 183
Talleyrand, Charles Maurice Duc de (1754–1838), frz. Diplomat u. Staatsmann ,347
Terenz (um 190–158 v. Chr.), röm. Komödiendichter 111, 119, 253, 332
Thoreau, Henry David (1817–1862), amerik. Schriftsteller 153, 195
Tolstoi, Leo (1828–1910), russ. Schriftsteller u. Dichter 12, 13, 49, 53, 60, 83, 88, 110, 111, 117, 139, 143, 165, 167, 169, 171, 179, 196, 198, 210, 215, 221, 223, 225, 227, 235, 256, 270, 291, 292, 326, 336, 345, 368, 371, 372, 376, 377, 378, 383
Tschechow, Anton P. (1860–1904), russ. Schriftsteller 143, 152, 172, 225, 283, 285, 324, 354
Tucholsky, Kurt (1890–1935), dt. Satiriker u. Schriftsteller 82, 125, 136
Turgenjew, Iwan (1818–1883), russ. Schriftsteller 128, 146, 226, 295
Twain, Mark (1835–1910), amerk. Schriftsteller 13, 20, 30, 41, 62, 83, 157, 206, 261
Uhland, Ludwig (1787–1862), dt. Schriftsteller 144, 386
Unamuno y Jugo, Miguel de (1864–1936), span. Philosoph 216
Ustinov, Peter (1921–2004), engl. Schauspieler 125
Valéry, Paul (1871–1945), frz. Lyriker 292, 317
Varnhagen, Rahel (1771–1833), dt. Schriftstellerin 175
Vauvenargues (1715–1747), frz. Moralist u. Philosoph 12, 15, 62, 70, 120, 188, 242, 269, 294, 299, 304, 309, 319, 328, 330, 337, 350, 355, 364, 369
Vergil (70–19 v. Chr.), röm. Dichter 205, 228, 272, 348, 372
Verlaine, Paul (1844–1896), frz. Dichter 182

Voltaire (1694–1778), frz. Philosoph 47, 54, 109, 110, 113, 152, 158, 173, 197, 201, 206, 207, 228, 233, 240, 270, 282, 296, 307, 313, 334, 363, 367
Waggerl, Karl Heinrich (1897–1973). österr. Schriftsteller 88, 103, 133, 136, 197, 201, 229, 258, 287, 343, 356, 370
Walser, Robert (1878–1956), schweiz. Schriftsteller 199, 312, 328
Weber, Karl Julius (1767–1832), dt. Schriftsteller 25, 35, 77, 175
Wedekind, Frank (1864–1918), dt. Schriftsteller 286
Weil, Simone (1909–1943), frz. Philosophin 81, 83, 124, 233
Weininger, Otto (1880–1903), österr. Philosoph 77, 236, 324
Werfel, Franz (1890–1945), dt. Schriftsteller 221
Wiechert, Ernst (1887–1950), dt. Schriftsteller 13, 131, 136, 204
Wilde, Oscar (1856–1900), engl.-ir. Schriftsteller u. Dramatiker 15, 28, 39, 41, 48, 51, 58, 62, 85, 104, 106, 114, 129, 135, 163, 168, 169, 171, 182, 194, 195, 196, 199, 247, 249, 250, 257, 259, 260, 261, 275, 290, 301, 302, 304, 305, 318, 354, 365, 387
Wilder, Thornton (1897–1975) amerik. Dramatiker u. Schriftsteller 114, 314, 378
William, Tennessee (1911–1983), amerik. Schriftsteller 119, 247
Wolkenstein, Oswald von (um 1377–1445), dt. Dichter 138
Xenophanes (um 570 – um 470 v.Chr.), griech. Philosoph 347
Xenophon (um 426–355 v. Chr.), griech. Schriftsteller 49
Zenon (um 490–430 v. Chr.) griech. Philosoph 92, 313
Zuckmayer, Carl (1896–1977), dt. Schriftsteller 67

Register

Abendsonne 55
Abenteuer 81
Aberglaubens 367
Abglanz 372
Abhängigkeit 118, 141
Abneigung 138
Abreise 343
Abschied 343, 344, 345, 346, 347, 359
Abwechslungen 318
Abwesenheit 150
achten 113
Achtung 93, 358
Adleraugen 79
ähnlich 82
Alkohol 40
Allein 266
Allerweltsmensch 201
Allgemeinheit 98
Allianzen 242
Alltäglichkeit 29
Alphabet 65
Alter/altern 8, 9, 13, 15, 17, 22, 30, 33, 34, 35, 36, 39, 42, 44, 45, 51, 52, 53, 146
Altersheim 178
Altersliste 362
Altruismus 140
Amt 175, 214
anerkennen 69
Anfang 182, 353
Ängstlichen 313
Anschauung 389
Ansehen 49
Ansichten 107, 387
Anständigkeit 241
ansteckend 324
Anstößige 50
Anstrengungen 334
Anteil 224
Antworten 137
Arbeit 10, 19, 48, 77, 89, 102, 196, 200, 201, 202, 203, 204, 205, 206, 207, 212, 213, 214, 261, 266, 272, 273, 313
Ärgernis 92
arm 207, 227, 249, 251
Arzneimittel 339
Arzt 325, 327, 336, 338
Asche 95
Auffassung 386
Aufgabe 168, 213
Aufmerksamkeit 372
Aufrichtigkeit 91
Aufschluss 58, 381
Aufschüben 372
Aufstieg 213, 214
Augen 174
Augenblick 27, 314, 368
Ausbildung 239
ausdrücken 144
Ausführung 208
Ausgaben 245
Ausgang 215, 217
Ausnahme 170
ausruhen 212, 362
ausweichen 114
Autofahrer 266
Automaten 79
Autorität 170, 242

Balken 60
Band 166
Bankett 355
bankrott 133, 138
Bäume 34
Bedeutende 42
Bedeutung 93
Bedürfnis 198
Bedürfnisse 23
beeinflussen 170
Befreiung 270
Befriedigung 205, 283
beginnen 203
beglückt 273
Beglückung 290
Begreifen 302
Beharrlichkeit 181
Bein 249
Beisammenseins 347
Bekanntschaft 155
Belebung 192
Belehrung 192
Bemühen 218
Benehmen 106
benutzen 119
Beobachtung 59
berauben 257
bereuen 75

Berggipfel 87
Beruf 200, 201, 202, 203
Berufung 217
beschaffen 129
Beschäftigungen 373
Bescheidenheit 74, 104, 107, 265
Beschränkung 80, 262
Besitz 188, 254, 255, 256, 259
besondere 42
Besonnenheit 18, 82
Besserung 332
Bestimmung 204, 379
Betragen 79
Betrug 80
betrügt 129, 154
betrunken 284
Bett 166
bettelarm 125
beurteilt 60
Bewegung 375, 383
Bewunderung 144, 302
Bewusstsein 223, 280
Beziehungen 153, 158
Bilanz 377
bilden 187
Bildung 86, 180, 183, 184, 187, 189, 192, 222
Bildungsgang 191
bleiben 29
Blick 135
blühen 386
Blumen 132
Blüten 12
Borsdorfer Äpfel 84
Böse 198
Bosheit 292
Braut 161
Brecheisen 246
Briefe 76, 206
Brüder 224
Buch 27
Buchhalter 384
Bürger 162

Charakter 50, 66, 69, 70, 75, 87, 91, 93, 101, 103, 210, 250, 294, 319, 329, 374
Charakterfestigkeit 74
Charakterlosigkeit 96, 106
Charakterschwäche 88
Charakterstärke 106, 107
Charakterstudie 78

dämonisch 73
Dank 332
dankbar 269
Dankbarkeit 298
Dasein 154, 373
Dauer 157, 278
Deklamator 70
Demokratie 178
Demut 58
denken 272, 380
Diagnose 320
Dichten 182
Diener 243
Dinge 21, 77, 268, 287, 289, 360, 386
Dinge, wichtige 72
Disziplin 67
Doge 162
Duell 168
Dulden 349
Duldsamkeit 66
dumm 133, 247
Dummheit 99, 218, 233
Dummköpfe 296
Dünger 243
Durchschnittsmenschen 105

Edel 228
Egoismus 140
Ehe 161, 162, 163, 164, 165, 167, 171, 173, 175
Ehepaare 165
Ehescheidung 160
Ehrenmann 91
Ehrfurcht 101, 141, 172
Ehrgeiz 214, 215, 278
Eifersucht 255, 320
eifersüchtig 125
Eigen 253
Eigenliebe 64
Eigenschaften 83, 87
Eigensinn 54
Eigentum 73, 204, 255, 261, 370
Eigentümlichkeit 104
Eindruck 312
Eindrücke 11, 302
Einheit 122
einig 116, 117
Einigkeit 342
Einkommen 249
einsam 133

Einsamkeit 19, 27, 76, 168
Einsicht 219
Einstellung 248
Einzelinteresse 232
Eitelkeit 70
Elend 275
Empfinden 14
Empfindsamkeit 328
Empfindung 128
Ende 162, 245, 347, 349, 353
Energie 259
Engel 143
engherzig 228
entbehren 179, 284, 304
Entdeckungsreise 162
Entfaltung 106
Entflammbarkeit 78
Enthaltsamkeit 320
Enthusiasmus 137
entsagen 312
Entscheidung 85, 112, 199
entschließen 312
Entschuldigungsgründe 79
Entzücken 174
entzweit 117
Epidemien 335
Erde 255, 347
Erdenbürger 17
Erdkreis 126
Erdschollen 308
Erfahrung/-en 24, 25, 28, 35, 50, 51, 97, 162, 180
Erfindungen 212
Erfolg 70, 213, 215, 216, 217, 218
Erfüllung 40, 322
Ergebenheit 16
Erhabenheit 131
Erinnerung/-en 17, 20, 46, 280
erkältet 150
erkennen 57, 62, 121
Erkenntnis 135, 184, 293, 366, 389
Erlebnis 71, 102
erlebt 303
erobern 134
Erotik 197
ertragen 313
Erwachen 366
Erwartung 280
Erziehung 20, 22, 23, 24, 26
Ewiges 21
Ewigkeit 361
Extrem 371
Extreme 11

Fach 201
Fähigkeit 69, 86
Fahrzeug 120
Familie 165, 175, 176, 177, 178, 179
Familienbande 177
Familienglück 178, 179
Familienleben 176, 177
Faulheit 77
Fehler 12, 18, 31, 76, 157, 175, 200, 233, 236, 283, 364
Fehltritte 170
Feigheit 83
Feigling 173
Feind 64, 65, 108, 151
Feindseligkeit 88
Feldzug 105
Fels 107
Ferne 153
Fersen 291
Fesseln 9
Fest 122
festhalten 260
Festung 244
Feuer 144, 146
Fieber 16
Fingerabdrücke 77
Finsternis 360
Flamme 169, 342
Fleißige 82
Fliegen 206
Fliehen 374
Fluch 177
Flüchtigkeit 53
Flugzeug 50
Fluss 220
Form 182
Frau 161
frei 69, 75
Freiheit 65, 127, 163, 244, 252, 281, 287, 363
Freiheitsberaubung 168
freiwillig 126
Freude 53, 127, 131, 193, 208, 252, 258, 298, 299, 300, 301, 302, 303, 305, 368

Freuden 172, 299, 300, 304, 311
Freund/-e 113, 149, 150, 151, 152, 153, 154, 155, 156, 157, 158, 258, 261, 281
Freundin 167
Freundschaft 141, 149, 150, 152, 155, 158, 159, 163, 166, 176
Freundschafts-verhältnis 152
Frieden 39, 115, 116, 117, 142, 158, 174, 223
Friedhöfe 347
Frische 47
Frohsinn 26
Frucht 257
Frühlings-Sonnentag 282
Fühlen 128
Fülle 299
Fundamente 90
Fünftalerscheine 268
Funke 143
Furcht 100, 320, 321, 324
fürchten 363
Fürst 71

Gaben 306, 309
Gang 236
Ganzen 232
Gebet 330
gebildet 184, 185, 186, 187
Gebrauch 246
Gedächtnis 32
Gedanken 22, 33, 111, 233, 257, 266, 326, 385
Geduld 112, 318
Gefahren 82
Gefühl 288
Gefühle 128
Gegenstand 146
Gegenwart 271
Gegner 115
geheilt 137
Geheimnis 276, 277, 357, 360
geheiratet 161
Gehirn 95, 194
Geist 8, 35, 182, 250, 259, 349, 367
Geistesgabe 105
Geistesruhe 337
geistig 326
geistige Tätigkeit 172
geizig 251
Geld 13, 18, 102, 103, 169, 188, 243, 244, 245, 246, 247, 248, 249, 250, 251, 252, 331
Geldleute 250
Geldmangel 41
Geldproblem 253
Geliebte 152
Gelingen 182
Gemeinsamkeit 115
Gemeinschaft 231, 232, 236
Gemeinwohl 209, 231
Gemüt 207
Gemüter 38
Generation 40
genesen 324, 327
Genie 36, 72, 180
genießen 299, 303, 305, 308, 310, 314
Genius 181
Gentleman 100
genug 258
genügen 280
Genuss 16, 279, 300, 304, 305, 307, 308, 310, 313, 333
Gerechtigkeit 58, 100, 156
Geschäft 245
Geschenk 147, 257, 260
Geschick 33
Geschlecht 46
Geschmack 22, 113
Gesellschaft 15, 139, 232, 234, 235, 236, 237, 256
Gesellschafter 234
Gesetz/-e 239, 241, 371
Gesicht 30, 40
Gesichter 129, 145, 357
Gesinnungen 69
Gespenst 244
Gespenster-erscheinungen 148
Gespräch 61, 164, 235
Gestaltung 205
gesund 333, 336
Gesunde 327, 337

Gesundheit 273, 277, 316, 322, 334, 335, 336, 337, 338, 339, 340
Gewalt 131
Gewissen 89, 185
Gewitter 11
Gewitterwolken 293
Gewohnheit/-en 16, 83, 86, 160
Gipfel 27
Glaube 94
Glauben 235, 283
Gleichberechtigung 163
Gleichgewicht 132, 210
Gleichgültigkeit 157
Glück 14, 17, 23, 34, 65, 67, 70, 72, 106, 109, 114, 136, 151, 241, 262, 263, 264, 265, 266, 267, 268, 269, 270, 271, 273, 275, 277, 278, 279, 280, 281, 282, 284, 285, 286, 288, 289, 304, 305, 306, 308
glücklich 74, 169, 225, 245, 246, 248, 254, 262, 263, 264, 265, 270, 272, 273, 274, 276, 278, 279, 281, 282, 285, 290, 295, 341
Glückliche 187, 275, 282
Glückseligkeit 274, 276
Glückwunsch 330
Gnade 76
Gold 148
Gott 37, 130
Götter 25, 300
Grab 351
Gras 352
Grausamkeit 360
Grenzen 81, 283
grenzenlos 134
Grießsuppe 286
Größe 87, 216
Großzügigkeit 88
grübeln 207
Grund 79
Grundsätze 33
Gunst 32
Gurken 32
gut 98, 388
Gut 198, 254, 264, 277, 310
Gute 68, 196, 225, 388
Güter 256
Gutes 109, 143

Haar 54
haben 258
Habgier 34
Handeln 108, 219, 311
Handlung/-en 90, 92, 296, 302
Handwerk 188
Harmonie 171
Hass 19, 113
Hast 193
Haus 270, 283
Haushalt 176
Heilmethode 323
Heilmittel 209, 292, 318, 341
heilsam 81
Heimweh 12, 23
Heiraten 175
Heiterkeit 10, 209, 274
Held 91
helfen 226, 227, 230
Helfer 227
Herbst 355
Herr 241
herrlich 148
Herrlichkeit 359
Herz/-en 100, 130, 137, 194, 304, 305
Herzkrankheiten 317
Hilfe 228, 230
Hilfeleistungen 227
Himmel 160, 164, 228, 238, 343, 362
Hingabe 233
Hochzeit 152
Hochzeitsreise 171
hoffen 296, 329, 340, 341, 367
Hoffnung/-en 20, 39, 46, 141, 162, 262, 268, 309, 315, 321, 322, 325, 327, 339, 341, 357
Höflichkeit 66, 223
Höflichkeitsformen 202
Höhe 214
hohes Alter 48
Hölle 164, 238
Hormone 136
Hornisse 39
Hüllen 92

Humanität 225
Hut 265
Hütte 145

Ichgefühl 120
Ideal 329
Ideen 183, 251, 389
Illusion 132
Imperialismus 167
imponieren 62
Individualismus 199
Individualität 125
Individuum 385
Inhalt 193
Inneres 81
Instinkt 84
Institution 167, 171
Interessante 15
Irrenhaus 151
Irrtum 25, 26, 169, 216

Jahre 28, 41
Jahrhunderte 71
jedermann 239
Jugend 8, 9, 10, 15, 17, 21, 35, 51
Jugendeindrücke 15
Jugendfehler 24
Jugendlichkeit 13
Jugendtorheiten 44
Jugendwünsche 22
jung 15, 16, 44

Kaiser 89
Kampf 218, 371
Kapital 206
Karriere 211, 213
Karten 378
Kastanienschale 97
kaufen 280
kennen 380
Kind/-er 20, 42, 207, 249
Kindergeschrei 177
Kindheit 11, 35, 142, 189
Klagen 318
klassisch 340
Kleidung 105
kleine Geister 88
Kleinigkeiten 72, 97, 378
klug 29, 252
Klugheit 289
Knochengebäude 77
Komödie 130
König 241
Königreich 176
Körper 35
Körperkraft 54
Körperschaft 178
kostbar 85
Kraft 12, 38, 70, 104, 121, 291
Kräfte 47, 77, 187
Krähe 281
krank 246, 316, 327, 330
Krankenbett 326
Krankheit 37, 130, 173, 307, 316, 317, 318, 319, 321, 323, 325, 326, 328, 329, 330, 331
Krieg 142
Kriegszustand 124
Kritik 75, 93
Krümel 136
Kultur 174, 258
Kunst 35, 56, 118, 182, 184, 185, 186, 191, 193, 195, 197, 198, 199, 201, 203
Künste 198
Künstler 182, 186, 194
Kunstlosigkeit 195
Kupfer 96
kurzlebig 250

Lächeln 267
Laie 204
Lampe 37
Länder 71
Langeweile 164, 272
Langsamkeit 208
langweilig 143
Laster 30, 319
Laterne 26, 96
Laune 275, 288
läutern 296
leben 63, 240, 310, 369
Leben 8, 14, 24, 25, 26, 27, 41, 43, 44, 159, 193, 194, 197, 199, 229, 254, 270, 297, 302, 309, 311, 313, 314, 317, 328, 336, 339, 342, 348, 350, 351, 358, 360, 361, 362, 363, 364, 366, 367, 371, 372, 373, 375, 376
Lebenden 55
lebendig 223, 333
Lebensabend 40

Lebensalter 84
Lebensfrage 271
Lebensfreude 200
Lebensführung 305, 308
Lebensjahr 41
Lebensklugheit 315
Lebenskreis 189
Lebenskunst 208, 300, 303, 306, 313
Lebenskünstler 298, 301, 306, 307
Lebenslüge 285
Lebensmut 10
Lebensregeln 31
Lebensunterhalt 372
Lebensverhältnisse 102
Lebenswandel 190
Lebensweise 324, 335, 338, 378
Lebenswerte 76
Lebenszeit 336
Lehrer 181
Lehrmeisterin 147
Leibeigenschaft 167
Leichtigkeit 196
leichtsinnig 313
Leid 290, 292, 293, 295, 296, 339
Leiden 132, 290, 291, 292, 295, 296, 297, 357
Leidenschaft 11, 122, 140, 194
Leidenschaften 29, 51, 125, 131, 346
Leidensgefährten 294
Leidensgeschichte 329
Leistung 102
Lenkung 99
lernen 30, 180, 192
lesen 185, 190, 191, 192
Leute 31, 216, 234, 247, 272
Liebe 15, 19, 98, 111, 118, 119, 120, 121, 122, 123, 124, 125, 126, 127, 128, 131, 133, 134, 135, 136, 137, 138, 139, 140, 141, 142, 143, 145, 147, 248, 258, 297, 354, 359
lieben 127, 135, 214
liebenswert 119
Liebesgenuss 126, 129
Liebesglanz 145
Liebe, unerwiderte 137
Liebhaber 123
Liebschaften 147
Lob 75
Lohn 210
Löschhorn 179
Lüge 279
Lump 98
Lumpen 237
Lust 55, 308, 312
Lustgefühl 306
lustvoll 308

Macht 78, 225, 243, 347
Mächte 289
Mädchen 47
Magen 282
Maikäfer 13
Managerkrankheit 202
Mängel 283
Manieren 101
Mann 66, 161, 200, 240
Märchen 8
Maske 104
Maskenball 236
Maß 307
Mäßigkeit 88
Mäßigung 67
Material 104
Maulwurfsaugen 79
Medikamente 323
Medizin 203, 246, 331
Meer 375
Meinige 258
Meinung 115
Meister 64, 202, 203, 218
Melodie 360
Menge 237
Mensch 8, 13, 48, 50, 60, 75, 109, 189, 222, 223, 228, 229, 274, 279, 291, 345, 379, 384, 386
Menschengemeinschaft 234
Menschengeschlecht 234
Menschenleben 32, 193
Menschenrechte 36
Menschenschlag 285
Menschenwürde 323
Menschheit 74, 199, 225, 352

menschlich 18, 222, 224
menschliche Natur 225
Menschlichkeit 88, 222, 224
Meteore 72
Miene 95
Milchstraße 134
Minute 112
Mission 186
misstrauen 154
Mist 118
Mitleid 94, 138
Mitteilung 197
mittelmäßig 289
mittleren Alter 35
Möbelstück 276
Möglichkeiten 87, 89, 374
Moment 365
Mond 83
Moral 327
Mord 209
Morgen 319
Most 18
Mücke 39
Müde 205
Mühe 191
Münze 121
Müßiggang 207
Musterehe 164
Mut 77, 82, 221
Mysterien 249

Nachahmung 18
nachdenken 24, 371, 373
Nachlässigkeit 256
nachlaufen 249
Nächsten 226
Nacht 348
Narr 66, 233
Natur 60, 337
Naturell 94
Naturgesetz 51, 228
Nebenbuhler 139
Neigung/-en 64, 221
Neugier 128
Nichts 83, 366
Not 165, 169, 227, 230
Notwendigkeit 294
Nuss 375
Nutzen 261

oberflächlich 58
Obrigkeit 242
Olymp 122
Opfer 119
Optimisten 30, 268
Ordnung 90, 114, 239, 326
Organe 338
Ort/-e 357, 378

Paradies 118, 164, 286
Paradiesvogel 13
parteiisch 140, 147
Persönlichkeit 74, 75, 86, 91, 101, 198
Pessimisten 30
Pfand 170
Pflicht 61, 211, 238, 259, 289, 382
Pflichtbewusstsein 99
Phantasie 307, 326
Phantast 45
Philosoph 173
Philosophie 14
Phönix 202
Phönizier 248
Phrase 119
Pläne 16
Poesie 14
Politik 176
Praxis 115, 139
Preis 54
Probierstein 96
Proletarier 162
Proportionen 93
Prostitution 195
Prüfungen 213
Prügel 119
Publikum 199
Pünktlichkeit 129
Puppen 79

Qualen 369
Qualitäten 85

Ratschläge 294, 332, 333
Rauch 169
Raum 32
Rechenschaft 219
Rechnungen 250
Recht 376
Rechte 312
Rechtschaffenheit 99, 157
Rechtsgesetze 242
reden 188
Reden 204, 254
Reh 108
reich 123, 134, 282, 377
Reich 244, 260

Reichtum 68, 189, 374
Reichtümer 253
reif 31, 46
Reife 43, 131
Reifer werden 42
Reinigung 327
Reise 142, 353
reisen 144, 184, 187
Reisender 383
Republik 232
Respekt 196
Romantik 171
romantisch 340
Rosenblüte 301
rudern 180
Ruhe 12, 209, 263, 367
Ruhm 269
Ruinen 43
Rüpel 8

Sache 76
Sammler 268
satt 143
Sauberkeit 86
Sauerteig 19
Schaden 109, 241, 321
Schafherde 237
Schande 49, 226
Schatten 297
Schätze 333
Schatzkammer 21
Schauspiel 149
Scheidungsgründe 342
Scherz 80
Schicksal 29, 33, 88, 92, 94, 95, 97, 139, 166, 221, 275, 342, 372, 375, 376, 378, 379
Schicksalsschläge 88
Schiff 32, 153
Schiffbruch 229
Schifffahrer 221
Schlaf 280, 317, 320, 322, 364
schlafen 191
Schlafstelle 286
Schlafzimmer 331
schlauer 77, 231
schlecht 98, 225
Schlittschuhlaufen 306
Schmeichler 155
Schmerz 288, 292, 293, 316, 317, 322, 323, 325, 327, 330, 332, 334, 354
Schmerzen 145, 286, 294, 336
Schmuggeln 39
schön 15, 16, 40, 41, 49, 55, 134, 186, 275, 278, 305, 356, 358
Schönheit 8, 15, 18, 21, 144, 183, 304
Schonung 111
Schöpfung 55, 285, 376
Schraube 172
Schrecken 277
Schuld 108, 109, 296
Schuldigkeit 110
schuldlos 109
Schuldlosigkeit 287
Schuldner 108
Schwache 229, 321
Schwächen 67, 136, 161
Schweigen 235, 267
Schweiße 205
Schwierigkeiten 264
See 73
Seele 123, 124, 154, 156, 276, 288, 292, 298, 351, 363
Seelenfrieden 239
Seewasser 248
Segen 177, 200
Selbstachtung 212
Selbstbespiegelung 81
Selbsteinschätzung 59
Selbsterkenntnis 57, 183
Selbsterprobung 61
Selbstgenügsamkeit 263
Selbstliebe 58
selbstlos 163
Selbstmord 166
Selbstvergessenheit 132
Selbstvertrauen 62, 63
selig 289
Seligkeit 132, 204
Sentimentalität 354
Sex 135
Sicherheit 163
Sieg 63, 218
Sieger 111
Sinn 237, 303, 374, 378, 379

Sinne 16
Sinnenrausch 131
Sinnlichkeit 251
sinnlos 382
Solidarität 232
Sonderlinge 309
Sonnenstrahl 314
Sorge 33, 229, 247
Sorgen 309, 320
Späher 294
sparsam 252
Sparsamkeit 244
Spaß 376
Spiegel 58, 79, 194, 195
Spitzbube 267
Sprache 114
Staat 237, 238, 239, 240
Standesunterschiede 186
Stärke 18, 67, 84, 120
Starrheit 47
Staub 348
sterben 47, 49, 53, 355
Sterben 43, 49, 52, 344, 355, 364
Sterbliche 130, 295
Sterblichkeit 352
Stern 118, 271
Steuermann 86
Steuern 332, 344
Stiefel 274
Stock 96
Streben 215
Streich 291
Streit 110
streiten 113
Streitsucht 112
Strenge 138
Strom 368
Studien 180
Stuhl 274
Stunde/-n 135, 348
Suche 294, 375
Sünden 37, 110
symbolisch 235

Tag/-e 41, 264, 314, 348, 372
Talent 85, 96, 99, 105, 188, 217, 283
Tat/-en 68, 139, 140, 183, 216
Täuschung 325
Teilnahme 194, 293
Teufel 130, 143, 339
Theater 236
Theaterstück 31
Theorie 115, 139
Tiefe 82
Tiere 103
Tod 42, 52, 117, 146, 344, 345, 346, 348, 350, 351, 354, 356, 359, 361, 362, 363, 364, 365, 366, 368, 369, 370
Todesangst 358
Todesfurcht 349, 365
Todesstunde 56
Ton 235
Tor 83
Torheit 36, 73, 324
Torheiten 41, 46, 333
töricht 230
Toten 55, 359
töten 210
tragisch 141
Tragödie/-n 39, 130, 387
Tränen 357
Trauben 44
Trauer 350, 351, 352, 353, 354, 355
Trauernde 356
Traum 142, 367
Träume 25
traurig 356, 361, 363
Treibhaus 179
Trennung 342, 343, 345
Treue 94, 235
Tropfen 278
Trost 38, 133, 286, 340, 356, 358
Tüchtige 279
Tugend 89, 140, 361
Tugenden 20, 319
Tür 312
Tyrann 53

Übel 206, 277
Überfluss 179
überflüssig 251
überleben 297
Überlegenheit 64
überraschend 271
Übersicht 22
Übertreibung 122
Überwindung 63, 196
Überzeugung 286
Uhr 48
Umgang 175, 231
Umgebung 67
Unbefriedigtheit 146
unbequem 90

unbestechlich 91
uneigennützig 127
unerforschlich 354
unerfüllt 125
unerklärlich 389
unerreichbar 216
unerträglich 264
ungebildet 190
Ungemach 298
ungerecht 253
ungesund 328
Ungewissheit 324
Unglück 59, 73, 106, 108, 109, 149, 349, 358
unglücklich 321
Unglückliche 187, 291
Unglücksfälle 44
Unheil 228
unheilbar 331
Uniform 94
Universalität 184
Universum 132
Unkraut 28
Unrecht 112
Unruhe 12
unschuldig 110
Untätigkeit 36
untergehen 179
unterhalten 189
unterlassen 108
Unterricht 29
Unterschied 222
untröstlich 343
unvernünftig 138
unwissend 183
Unwissenheit 114
Unzufriedenheit 272
Urteil 23, 369
urteilen 19, 59
Urteilskraft 36

Vater 178
Veränderungen 242
Verbindung 116, 224
Verborgenen 303
Verbrecher 209
verderben 104
Verdienst 11, 299
Verdienste 70
Verfassung 240
Vergangenheit 38, 349
vergänglich 31, 351
vergeblich 212
vergessen 17, 113
Vergnügen 78, 172, 190, 206, 211, 285, 352
Vergrößerungsgläser 299
Verhaltensmaßregeln 43
Verhaltensweisen 157
Verhältnis 160
Verhältnisse 47, 80
verheiratet 173
verirrt 114
Verlangen 301
verlassen 350
Verletzungen 311
verliebt 119
Verliebte 124
verlieren 148
Verlust 260, 355
Vernunft 67, 126, 169, 233
Verpflichtung 257
Verrat 19
versagen 98
verschwenden 121
Verschwender 251, 252
Verschwinden 346
versöhnen 115, 116, 117, 208
Versöhnungsmittel 115
Verstand 40, 45, 175, 192, 262, 322
Verstimmung 92
Vertrag 168, 238
Vertrauen 62, 227
Verwandten 116, 179
verzeihen 226
verzweifeln 209
Vogel 206
Vogelbauer 160
Volk 242
Vollendung 260
vollkommen 68
Vollkommenheit 95, 299, 311
Vorhaben 62
Vorrecht 45
Vorsätze 71
Vorteil 55, 68, 102, 221, 240
Vorzug 85
Vorzüge 38, 200

wachsen 129
wagemutig 272
Wahl 204
Wahnsinn 344
Wahrheit 61, 113, 145, 197, 235, 261, 288, 290, 319, 377, 381

wallfahren 311
wandeln 117
Ware 251
Warnung 159
Wasserfall 220
Weg/-e 79, 94, 219, 220, 221, 247, 271, 276, 281
Wein 183, 185
Weinberg 44
weinen 352
weise 83, 152, 254
Weisen 165, 257
Weiser 35
Weisheit 12, 36, 37, 57, 59, 68, 140, 195, 307, 314, 316, 335, 340, 367, 376, 380
Welt 14, 18, 20, 21, 61, 191, 196, 201, 213, 386, 387
Weltbürger 17
Weltereignis 122
Weltlauf 377
Weltordnung 366
Weltwesen 215
Werden 29
Werk 211
Werkstatt 195
Werkzeug 250, 381
Wert 364
Wesen 203, 291
Wesensart 95
Wesentliches 190
Wettkampf 142
Widerspruch 16, 84, 114, 119
Widersprüche 82
Wiederholung 126
Wille 23, 78, 255
Wirtschaftsgebiet 208
wissen 34, 55, 81, 91, 181
Wissen 23, 388, 389
Wissenschaft 168, 198
Witz 54
Wohlergehen 210
Wohlgeborene 108
Wohlgefallen 120
Wohlstand 292
Wohltat 243
Wohnräume 103
Wollen 383
Wort 229
Wortwechsel 110
Wunde 111
Wunder 93, 118, 133
Wunsch 45, 270
Wünsche 266, 287
wünschen 253
Wunschlosigkeit 265
Würde 192
würdig 293
Wurm 89
Würzelchen 146
Wurzeln 335
Wüste 211
Zahnziehen 353
Zank 113, 165
Zärtlichkeit 123
Zeit 26, 28, 46, 49, 53, 120, 198, 201, 205, 206, 252, 307, 350, 353, 369, 384, 385
Zeitpunkt 72, 238
Zerstreutheit 73
Zerstreuung 359
Ziel/-e 28, 48, 103, 217, 219, 220, 249, 286, 377, 381, 382, 383, 384
zielen 220
Zorn 148
zornig 114
Zucht 181
Zufriedenheit 26, 301, 309
Zuhausesein 233
Zukunft 12, 27, 33, 38, 39, 349
Zuneigung 344
Zurückstrahlung 58
Zusammenhang 188
Zusammensitzen 116
Zustand 174
Zustände 287
Zweifel 210
Zwietracht 111
Zwilling 284
zwingen 140